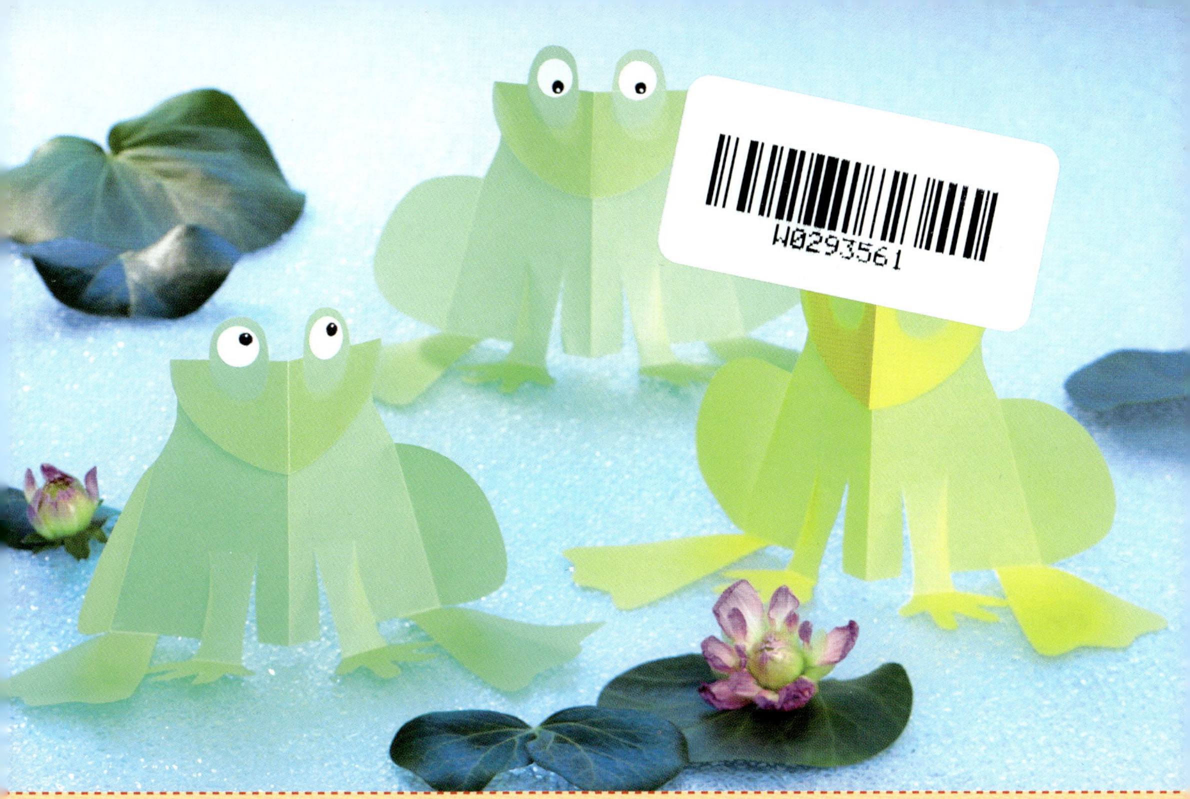

Das Schneiden und Falten von Papier macht der ganzen Familie Spaß. Da die Technik überhaupt nicht kompliziert ist, können auch schon jüngere Kinder mit etwas Hilfe tolle Motive herstellen. Ein weiteres großes Plus: Die Materialien sind günstig und selbst aus Papierresten lassen sich noch viele hübsche Modelle arbeiten.

Durch das Auf- und Umklappen ausgewählter Motivteile werden ganz einfach plastische Effekte erzielt. Werden dann noch besonders schöne Papiere, z. B. mit geprägter Struktur, verwendet oder die Modelle liebevoll bemalt, entstehen im Handumdrehen tolle Dekorationen für die Frühlingszeit. Tischdekorationen, Faltbänder, Schachteln, Karten, Anhänger und vieles mehr bringen eine ganz persönliche, liebevolle Frühlingsstimmung in Ihr Zuhause.

Ich wünsche Ihnen und Ihrer Familie harmonische Bastelstunden und viel Spaß beim Herstellen Ihrer persönlichen Frühlingsdekorationen!

Ihr

Meister Lampe

hübsch gemustert

1 Den Umriss des halben Hasen als Schablone ausschneiden, dann entlang des Vorderbeines an den durchgezogenen Linien in den Rumpf einschneiden.

2 Nun den Karton in der Mitte falten, sodass eine Doppelkarte, 25 cm x 9 cm, entsteht. Die Schablone mit der Strichpunktlinie an die Faltlinie des Kartons anlegen und die Konturen mit Bleistift nachziehen. Die Schablone abnehmen und den Hasen mit der Schere ausschneiden.

3 Anschließend mit Lineal und Cutter die gestrichelten Linien leicht anritzen und dann nach vorne falten. Das Gesicht leicht mit Bleistift vorzeichnen und dann mit dem Filzstift nachziehen.

4 Die Bemalung gemäß der Abbildung auftupfen oder die Hasen nach eigenen Wünschen gestalten.

MOTIVHÖHE
ca. 8 cm

MATERIAL
* Tonkarton, 25 cm x 18 cm

VORLAGE
Bogen 2B

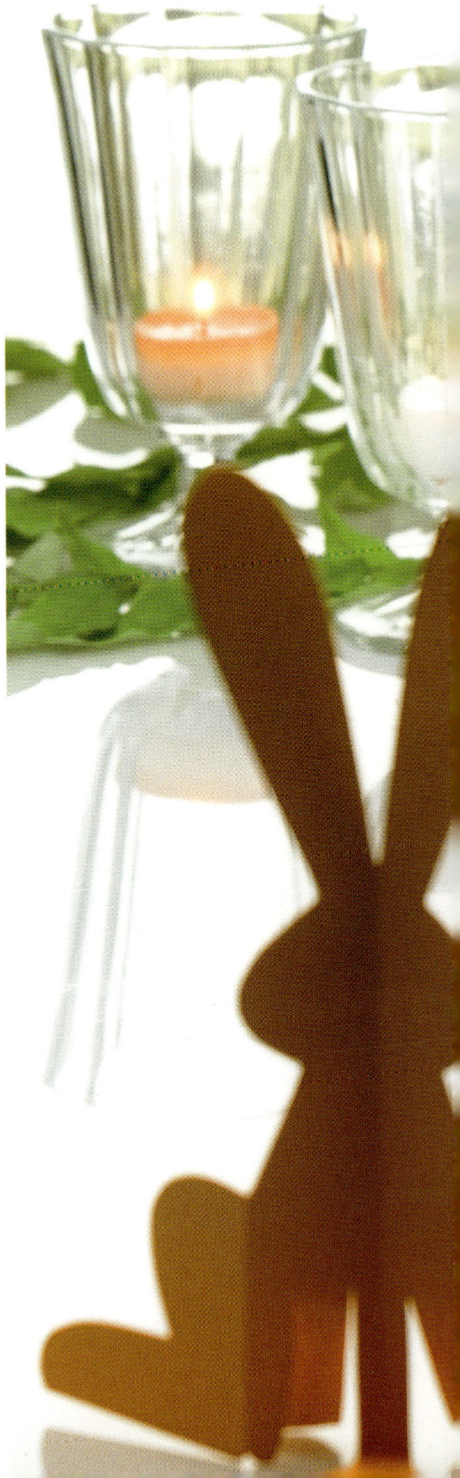

Mein Tipp für Sie

Kindern macht es viel Spaß, die Hasen ganz nach ihren Wünschen zu bemalen. So ist es z. B. lustig, mit Gesichtsausdrücken zu experimentieren oder Hasenmädchen oder -jungs zu gestalten. Auf jeden Fall sieht es lustig aus, ganz viele verschiedene Hasen zusammen z. B. auf einer Fensterbank zu arrangieren oder sie auf den österlichen Frühstückstisch zu setzen.

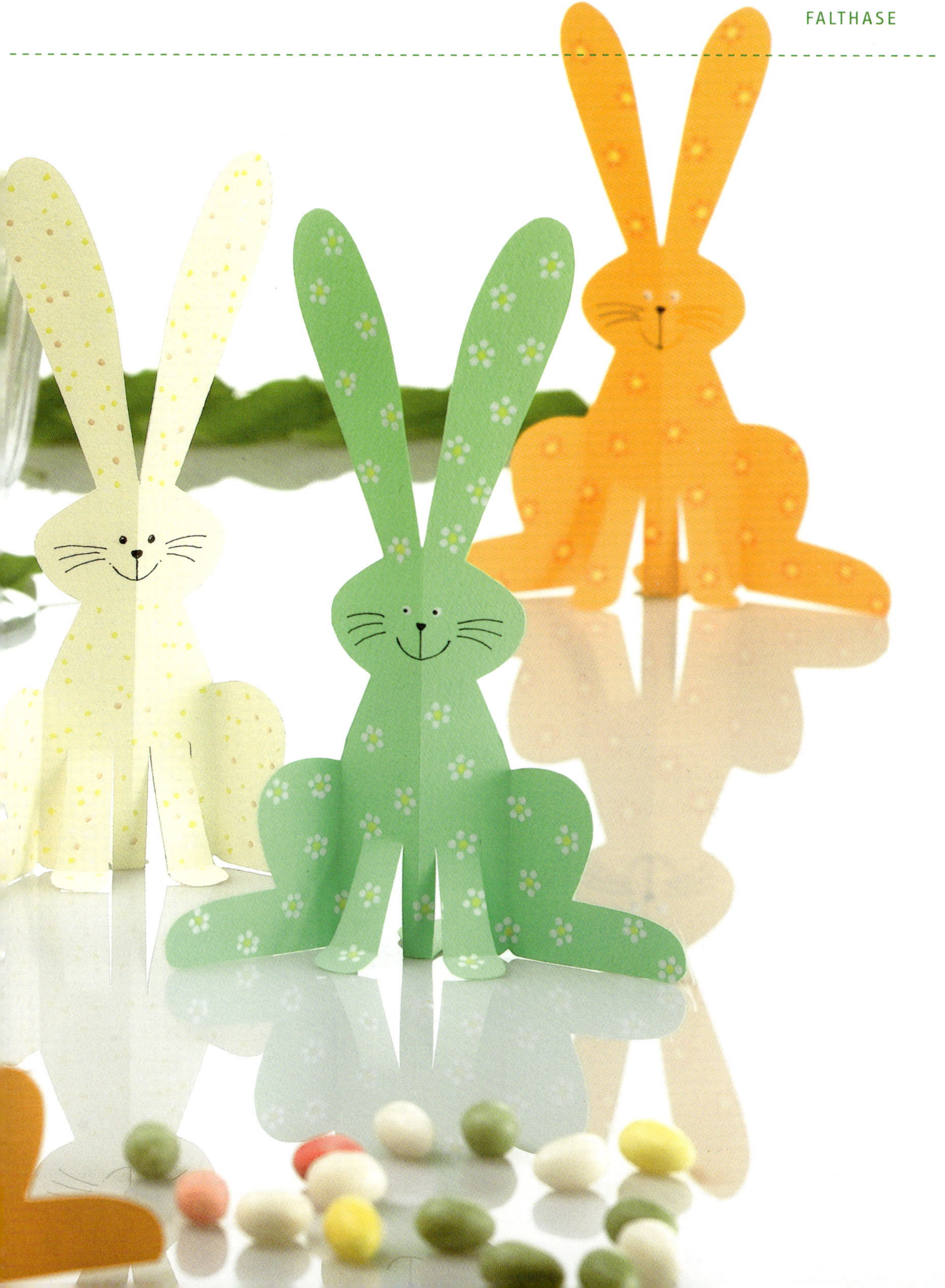

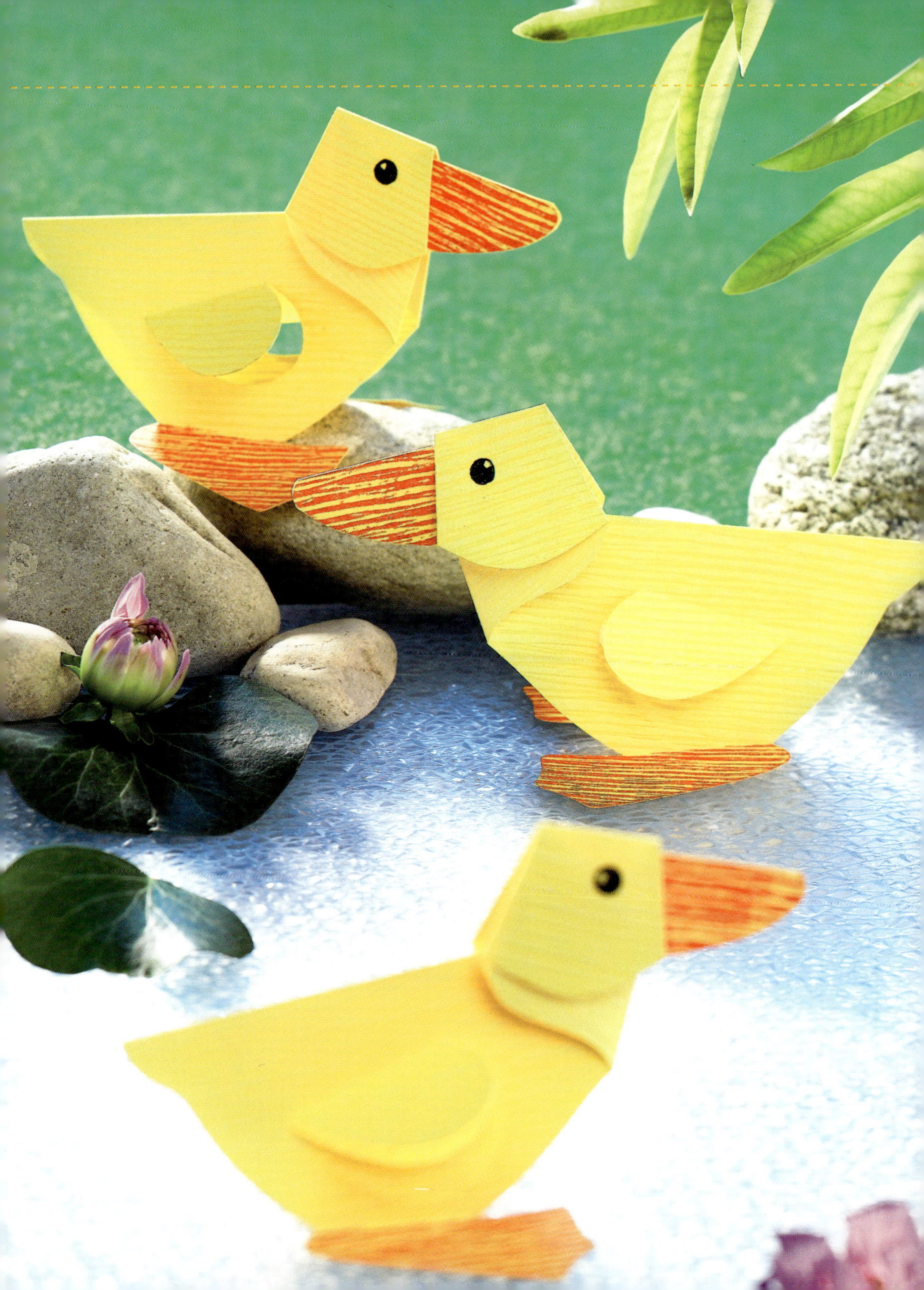

Was watschelt da?

frisch geschlüpfte Entchen

MOTIVHÖHE
ca. 7,5 cm

MATERIAL
* Tonpapier mit strukturierter Oberfläche in Gelb, 20 cm x 16 cm

VORLAGE
Bogen 1B

1 Aus der Schablone den Flügel mit dem Cutter herausschneiden. Damit später die vier Faltlinien an Hals, Kopf und Schnabel exakt von der Schablone auf das Papier übertragen werden können, mit einer Vorstechnadel kurz nach Linienanfang und kurz vor Linienende jeweils ein Loch in die Schablone stechen.

2 Das Papier zu einer Doppelkarte, 20 cm x 8 cm, falten. Die Schablone mit der Strichpunktlinie an der Faltlinie anlegen und die Konturen mit Bleistift nachziehen. Beim Flügel nur den Bogen aufzeichnen.

3 Von den gestrichelten Linien und den Strichpunktlinien am Hals, Kopf und Schnabel nur die Löcher einstechen. Die Schablone abnehmen und das Entchen mit der Schere ausschneiden. Den Flügelbogen mit dem Cutter nachschneiden.

4 Das Entchen aufklappen. Die Strichpunktlinien sind Bergfalten, also nach oben gewölbt, und die gestrichelten Linien sind Talfalten. Das Entchen so legen, dass sich die Rückenlinie (Strichpunktlinie) nach oben wölbt. Mit Lineal und Cutter die beiden Strichpunktlinien an Kopfanfang und -ende leicht anritzen. Nun das Entchen wenden und die gestrichelten Linien an den Füßen, Flügeln, am Hals und am Schnabel anritzen.

5 Das Entchen falten. Schnabel und Füße mit dem Buntstift anmalen und die Augen aufmalen.

So sieht das Entchen aus, wenn die Faltlinien vorbereitet sind und dann der Kopf gefaltet wird.

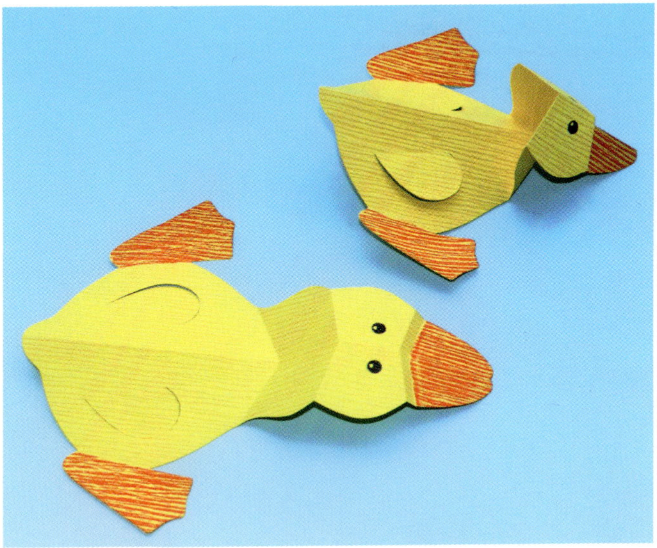

Frühling lässt sein zartes Band ...

poetische Frühlingsboten

MOTIVHÖHE
ca. 12 cm und 15,5 cm

MATERIAL
* Tonpapier oder leicht gemustertes Papier in Rot und Gelb, 50 cm lang, 14 cm bzw. 18 cm breit

VORLAGE
Bogen 1B

1 Bei den zugeschnittenen Schablonen werden unten die Bögen herausgeschnitten, damit die Konturen auch hier übertragen werden können. Den Papierstreifen im Abstand von jeweils 9 cm leicht anritzen und im Zickzack fünfmal falten. Die Schablone auflegen und die Konturen mit Bleistift nachziehen.

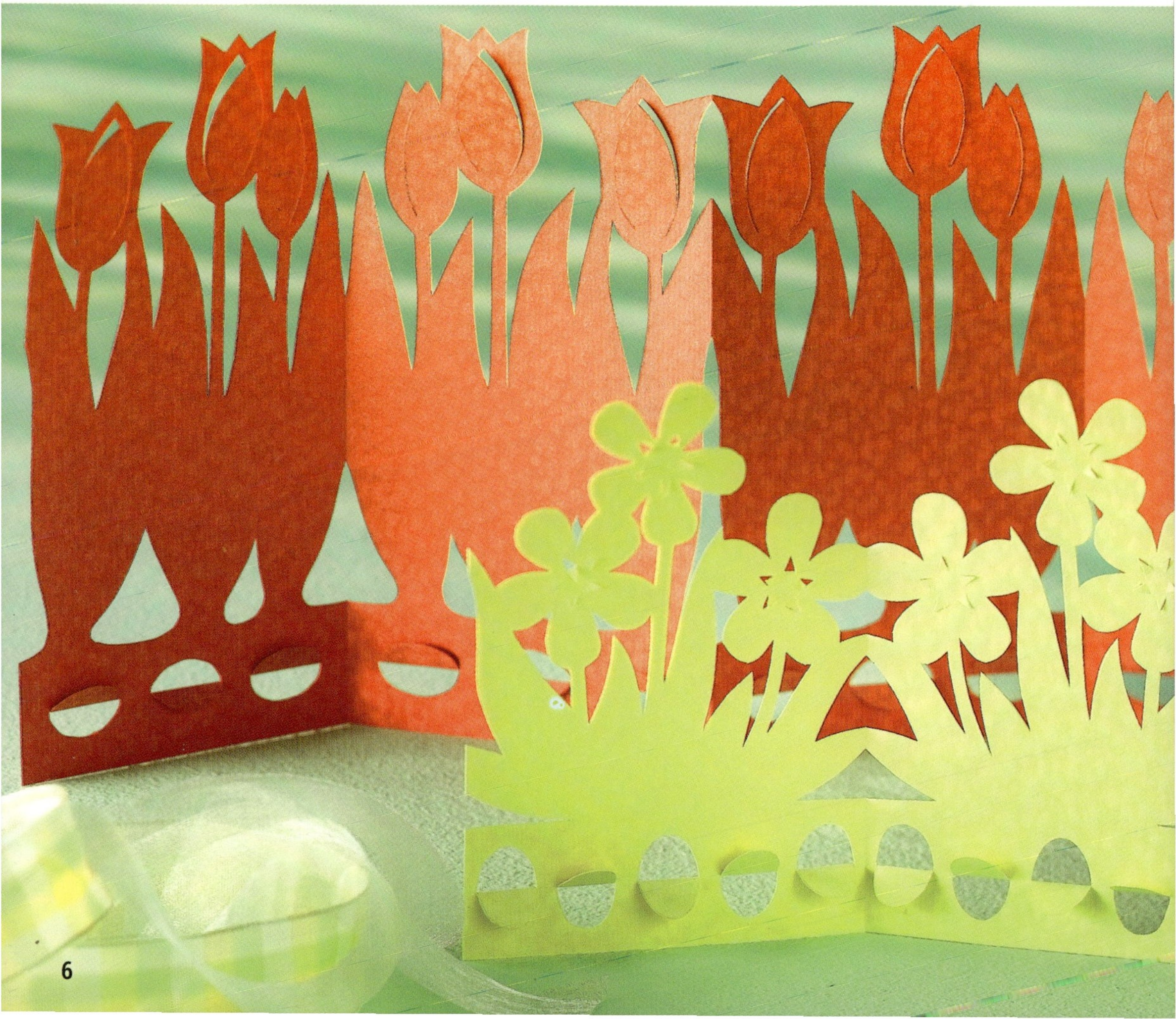

2 Dann nehmen Sie die Schablone ab und schneiden auf einer Schneideunterlage zunächst die Innenschnitte aus, dabei am unteren Rand nur die Bögen, nicht aber die geraden Linien nachschneiden. Damit die Tulpenblüten leicht aufgeklappt werden können, mit Bleistift die Konturen dieser Blütenblätter (gestrichelte Linien) aufzeichnen und mit dem Cutter nachschneiden.

3 Beim gelben Faltband in den Blütenmitten jeweils die fünf Zacken aufzeichnen und einschneiden. Wenn es schneller gehen soll, einfach mit der Lochzange die Blütenmitten ausstanzen.

4 Vor dem Entfalten des Faltbandes die Bleistiftspuren ausradieren und die Schnittränder glattstreichen. Auf der Rückseite des Faltbandes am unteren Rand die geraden Linien an den kleinen Bögen mit Lineal und Cutter leicht anritzen und dann zur anderen Seite hin durchdrücken. Das Faltband wenden. Nun die Blütenblatter bzw. Blätter oder Zacken mit dem Cutter leicht anheben.

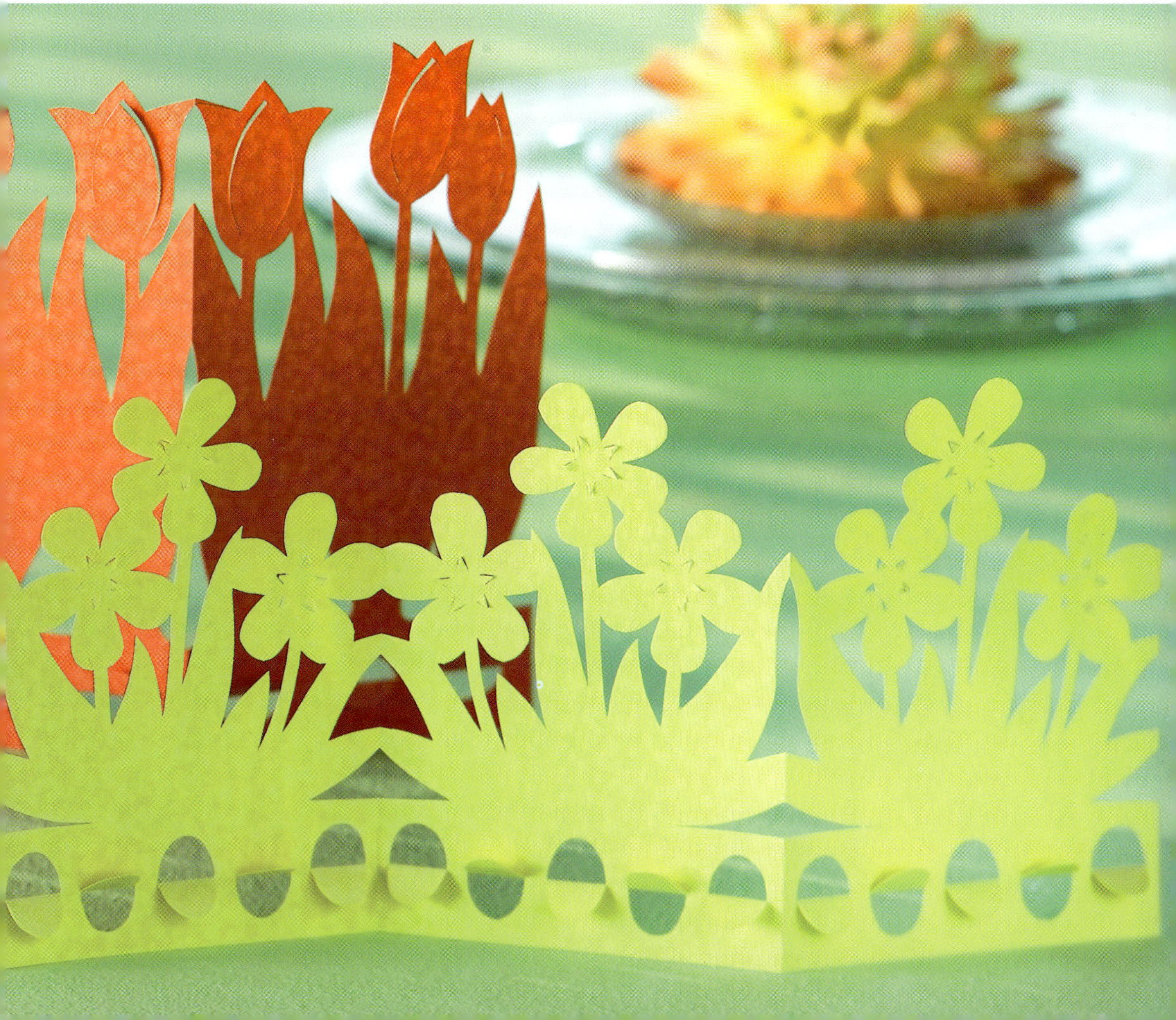

Nette Ostergrüße

mit Origamianleihen

MOTIVHÖHE
ca. 6 cm, 9 cm und 17,5 cm

MATERIAL

* Fotokarton in Weiß:
  kleine Karte: 15 cm x 6 cm, gefaltet 7,5 cm x 6 cm
  große Karte: 18 cm x 17,5 cm, gefaltet 9 cm x 17,5 cm
  Anhänger: 14 cm x 9 cm, gefaltet 7 cm x 9 cm
* Scrapbooking-Papier in Rot:
  Tulpenblüte, klein: 7 cm x 7 cm
  Tulpenblüte, groß: 8 cm x 8 cm
  Tonpapier in Hellgrün: 8 cm x 8 cm
* Kordel in Weiß, ø 2 mm, 30 cm lang

FALTSKIZZE
Bogen 2B

1 Die Blüte für die große Karte aus dem 8 cm x 8 cm großen Papier falten, die Blüte für die kleine Karte aus dem 7 cm x 7 cm großen Papier. Zum Falten der Blüte und des Blattes orientieren Sie sich bitte an den Faltskizzen und Beschreibungen auf dem Vorlagenbogen.

2 Den weißen Fotokarton für die Karten falten, dann die Blüten und ggf. das Blatt gemäß der Abbildung aufkleben. Zum Schluss können noch 3 mm breite Papierstreifen gemäß Abbildung oder nach Wunsch aufgeklebt werden.

3 Der Anhänger wird an der oberen linken Ecke mit der Lochzange gelocht, dann kann eine Kordel eingezogen werden.

„Warum habe ich mich hier an Origami orientiert?“

Origami ist eine klassische Technik, die mich schon seit Jahren begeistert. Klassische Origamitulpen haben mich dazu angeregt, eine eigene Tulpenfaltung zu entwickeln. Nach einigen Versuchen ist dann die hier gezeigte Variante entstanden.

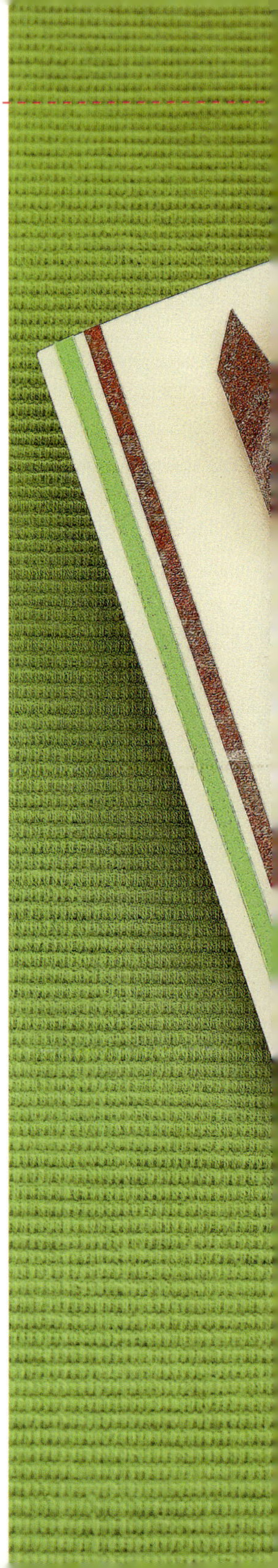

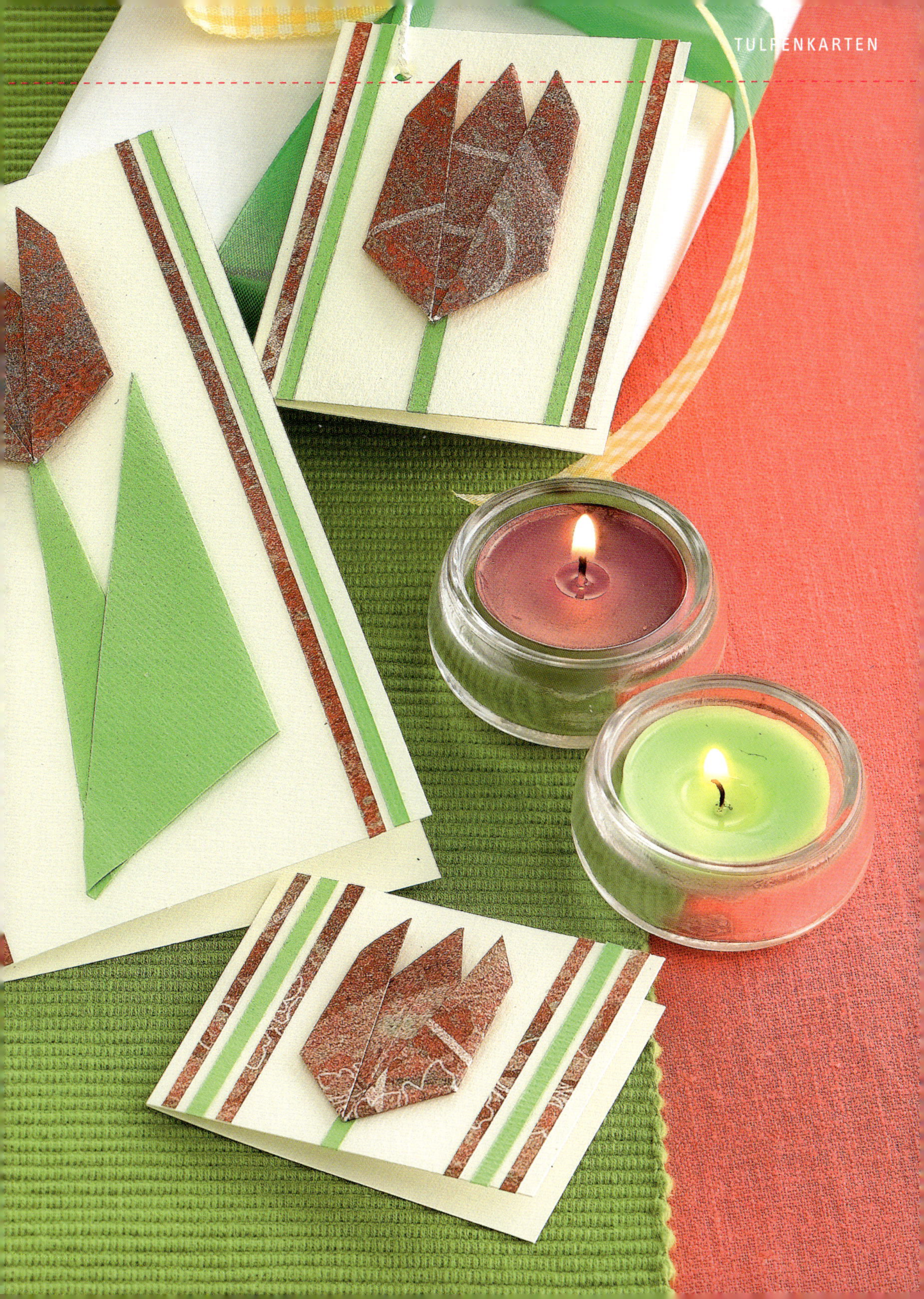

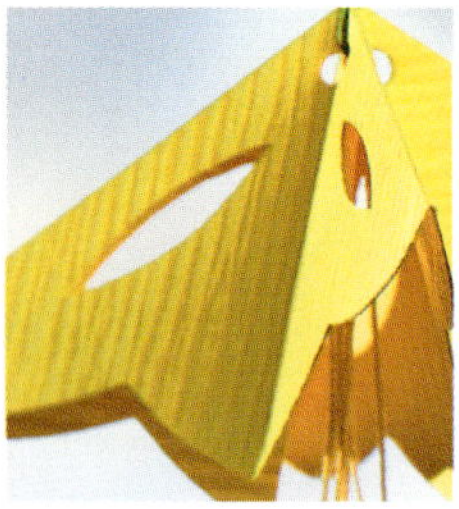

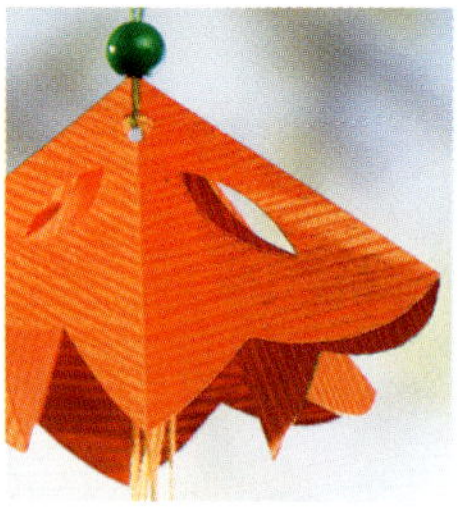

Im Detail ist hier zu erkennen, wie filigran die Blüten gearbeitet sind.

Glockenblumen

aparte Blütenhänger

MOTIVHÖHE
ca. 8 cm

MATERIAL
* Tonpapier mit strukturierter Oberfläche in Gelb und Orange, 12 cm x 12 cm
* je 6 Holzperlen in Gelb, ø 4 mm
* je 1 Holzperle in Hellgrün, ø 8 mm
* Häkelgarn in Gelb, ø 1 mm, 3 x 15 cm lang und in Hellgrün, 60 cm lang

VORLAGE
Bogen 1B

1 Zum Falten des Papiers orientieren Sie sich bitte an den Skizzen auf dem Vorlagenbogen.

2 Auf die gefaltete Pyramide die Schablone legen und die Konturen mit Bleistift nachziehen. Die Schablone abnehmen und den gezackten unteren Rand der Blüte mit der Schere nachschneiden. Für die Innenschnitte den Cutter verwenden, so werden saubere Schneidekanten erzielt. Das Aufhängeloch mit der Lochzange ausstanzen.

3 Die gelben Häkelgarnstücke parallel nebeneinander legen und in der Garnmitte mit einem einfachen Knoten zusammenfassen. An dieser Stelle auch das grüne Garn so anknoten, dass beide Enden gleich lang sind. Auf die gelben Garnenden jeweils eine gelbe Perle auffädeln und mit Klebstoff oder einem Knoten sichern. Die Fäden von der Bindestelle bis zur Perle sind 6 cm lang, den Rest abschneiden. Die beiden grünen Fadenenden von unten durch zwei gegenüberliegende Löcher der Papierblüte ziehen, dann beide Fadenenden durch eine grüne Perle ziehen und miteinander verknoten.

„Meine Inspiration zu diesem Modell"

Beim Falten der Origamitulpen von Seite 9 bin ich auf diesen klassischen Origami-Faltschnitt aufmerksam geworden. Ich habe einfach mit dem Cutter die Ränder der Blüten nachgeschnitten und Innenschnitte gemacht – fertig waren filigrane Blütenhänger.

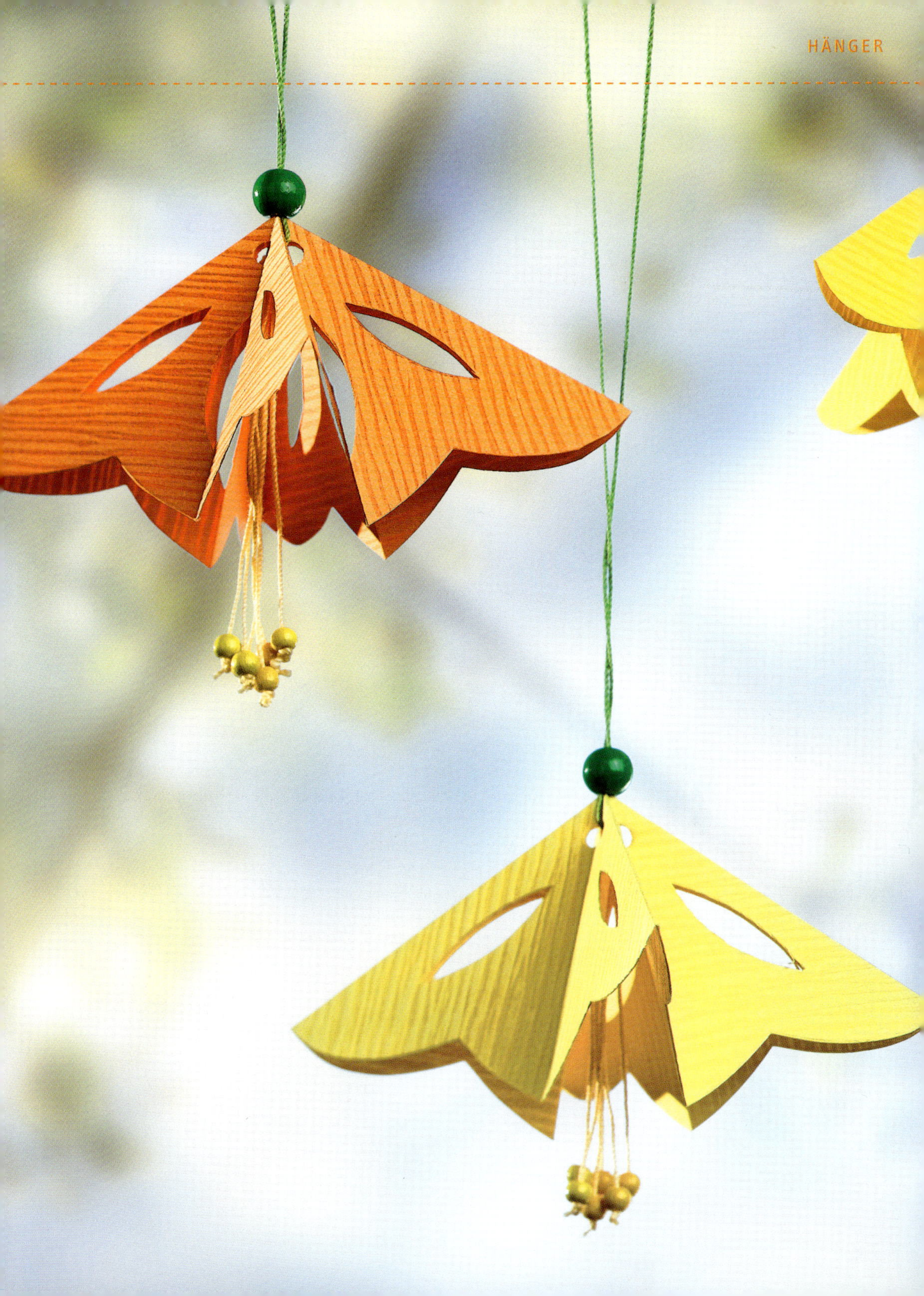

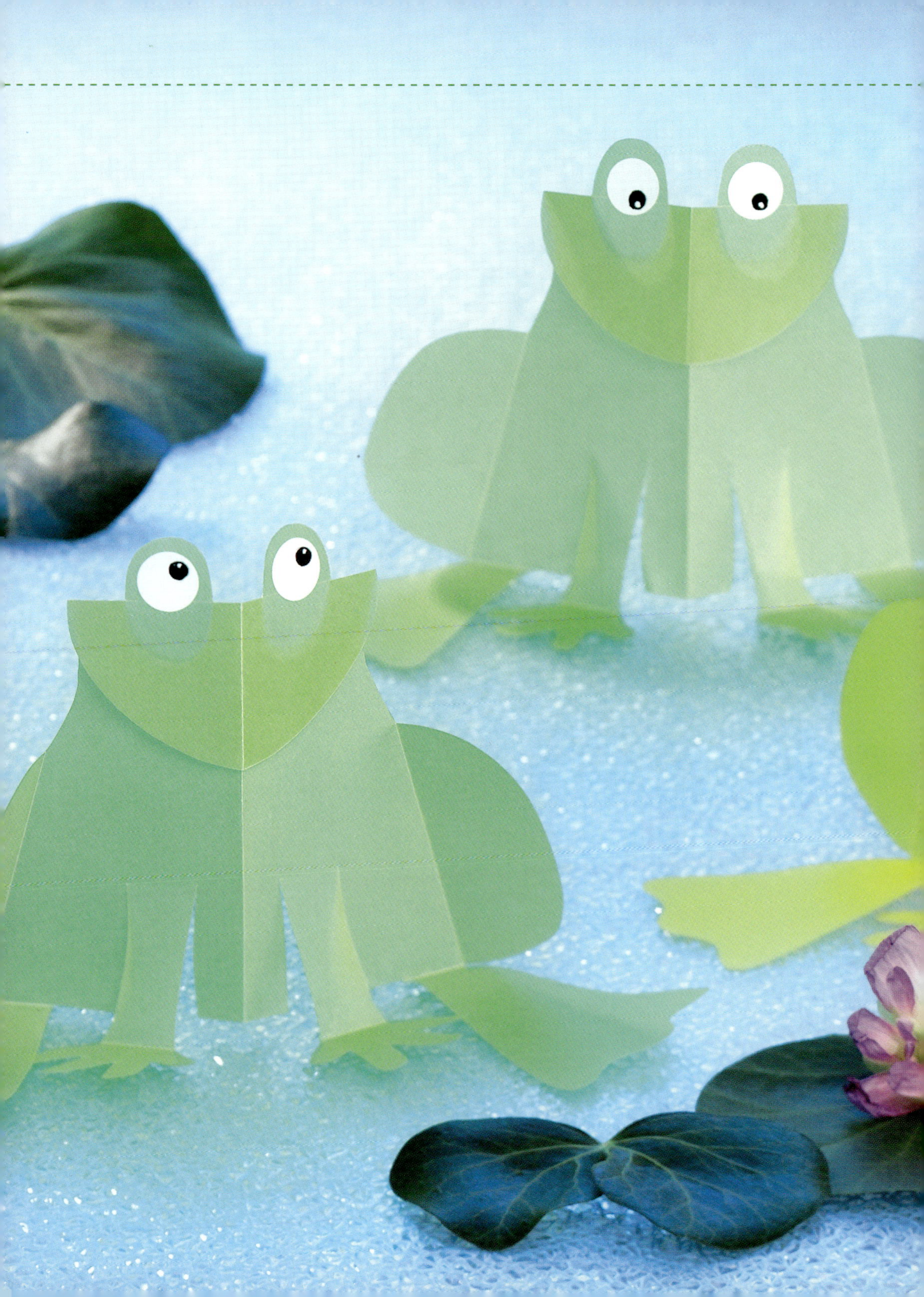

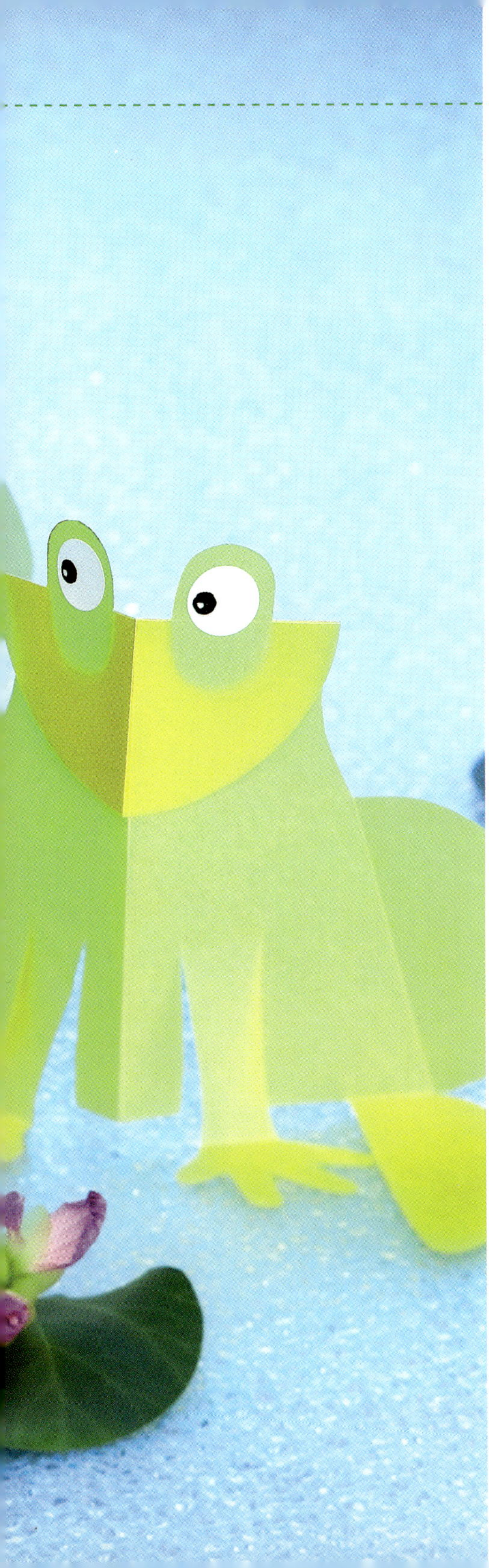

Teichkonzert

wer quakt schöner?

MOTIVHÖHE
ca. 8 cm

MATERIAL
* Transparentpapier in Grün oder Gelb, 15 cm x 12 cm
* je 2 Klebepunkte in Weiß, ø 1,2 cm

VORLAGE
Bogen 1B

1 Bei der Schablone des halben Frosches den Augenbogen (weiße Innenfläche) mit dem Cutter herausschneiden und entlang des Vorderbeines an den durchgezogenen Linien in den Rumpf einschneiden. So lässt sich alles gut auf das Transparentpapier übertragen.

2 Das Transparentpapier in der Mitte falten, sodass eine Doppelkarte, 15 cm x 6 cm, entsteht. Die Schablone mit der Strichpunktlinie an die Faltlinie des Transparentpapiers anlegen und die Konturen mit Bleistift nachziehen. Dann die Schablone abnehmen und den Frosch mit der Schere ausschneiden. Den Augenbogen (durchgezogene Linie) mit dem Cutter nachschneiden.

3 Jetzt kann der Frosch an der Strichpunktlinie aufgeklappt werden. Mit Lineal und Cutter die gestrichelten Linien leicht anritzen und dann falten. Jetzt müssen nur noch die Klebepunkte samt zuvor aufgemalten Pupillen auf die beiden nach oben stehenden Augenbögen geklebt werden – fertig ist der Frosch.

Tipp: Statt aus Transparentpapier können Sie die Frösche auch aus dünnem Karton, der maximal 100 g bis 120 g/m² schwer sein darf, arbeiten. Stärkerer Karton lässt sich nicht exakt falten.

Filigrane Bänder

schön auf dem Ostertisch

MOTIVHÖHE
ca. 9 cm und 10 cm

MATERIAL

* Tonpapier oder leicht gemustertes Scrapbooking-Papier in Pastellfarben, 10 cm bis 12 cm breit, mindestens 30 cm lang

VORLAGE
Bogen 2A

„Was ist das Besondere an diesen Faltbändern?"

Das Herstellen von einfachen Faltbändern ist eine traditionelle Basteltechnik, die Kinder bereits im Kindergarten erlernen. Ich wollte die Technik etwas ausfeilen und filigraner gestalten, so kam ich auf die Idee, einige Motivteile einzuschneiden, damit sie aufgeklappt werden können.

1 Bei den Schablonen beim Hasen die Grasbüschel, beim Huhn zusätzlich zum Bogen noch den Flügel und bei den Tulpen die Ausschnitte im Gras ausschneiden.

2 Dann die gewünschten Papierstreifen im Abstand von jeweils 7,5 cm leicht anritzen und im Zickzack auffalten. Die Schablone auflegen und die Konturen mit Bleistift nachziehen.

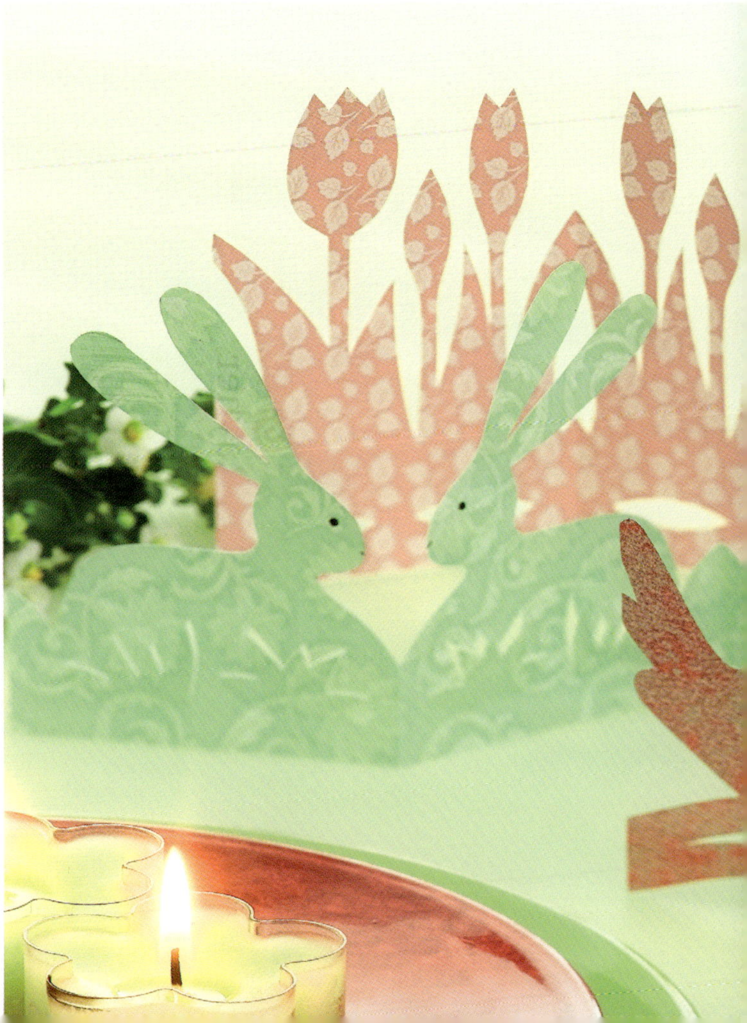

3 Nach dem Abnehmen der Schablone auf einer Schneideunterlage zunächst die Innenschnitte schneiden. Beim Hasen nur die durchgezogenen Linien der Grasbüschel mit dem Cutter nachschneiden, damit sie später aufgeklappt werden können. Beim Huhn ebenfalls nur die durchgezogenen Linien des Flügels nachschneiden, diese werden ebenfalls aufgeklappt. Nun können Sie die Motive vollständig ausschneiden.

4 Vor dem Entfalten des Faltbandes die Bleistiftspuren ausradieren, dann die Schnittränder glattstreichen. Auf der Rückseite des Faltbandes am unteren Rand die geraden gestrichelten Linien mit Lineal und Cutter leicht anritzen und dann zur anderen Seite hin durchdrücken. Das Faltband wenden und die Augen auftupfen.

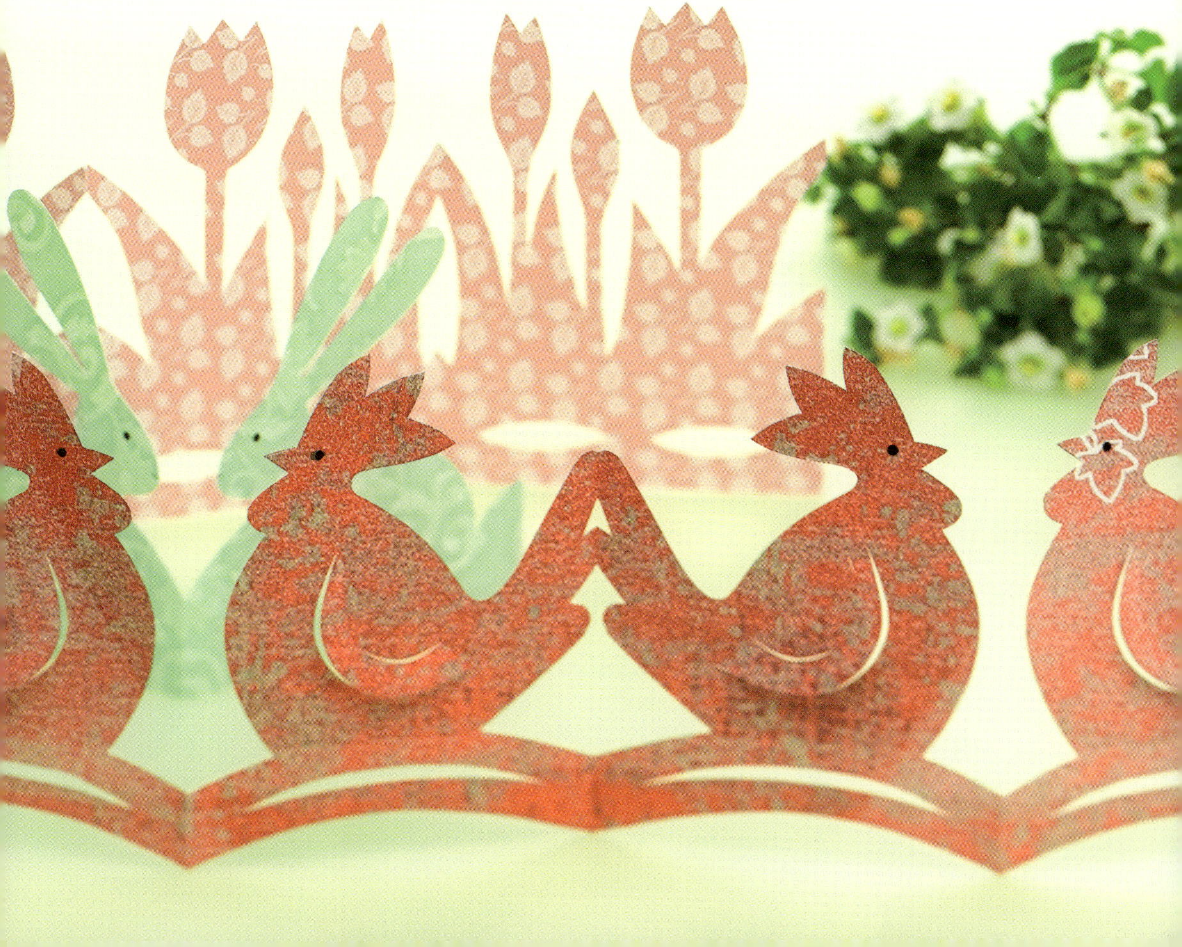

Osterkarten

mit Hase und Lämmchen

MOTIVHÖHE
Hasenkarte: 9 cm (geschlossen)

Lämmchenkarte: 5,5 cm (geschlossen)

MATERIAL

* Tonpapier mit strukturierter Oberfläche (Pleasure) in Weiß, 13 cm x 17 cm (Hase) und 10 cm x 10 cm (Lämmchen) sowie in Hellgrün, 14 cm x 18 cm (Hase), 11 cm x 11 cm (Lämmchen) und 3 mm (Streifen)
* leer geschriebener Kugelschreiber
* Kopierpapier

VORLAGE
Bogen 2B

1 Die Vorlage mit einem Kopiergerät kopieren, dann nur die Kartenumrisse ausschneiden. Nun werden die Motive mit einem Trick übertragen: Die Rückseite der ausgeschnittenen Rechtecke nur dort, wo später die Hasen, das Lämmchen und die Grasbüschel sind, mit einer weichen Bleistiftmine einreiben. Dann die Schablone exakt auf das weiße Kartenpapier bzw. den Karton legen. Mit einem leer geschriebenen Kugelschreiber die Konturen mit leichtem Druck nachfahren. So übertragen sich die Bleistiftlinien auf das unten liegende Papier.

2 Alternativ kann die ausgeschnittene Fotokopie auch direkt auf das Kartenpapier gelegt werden. Die Konturen werden dann kräftig mit dem Kugelschreiber nachgezogen, sodass sich die Linien in das unten liegende Papier einprägen.

3 Nun werden die Konturen mit dem Cutter geschnitten. Bitte beachten Sie: Die gepunkteten und gestrichelten Linien sind Faltlinien und werden nicht nachgeschnitten.

4 Die Karte anschließend wenden und genau in der Kartenmitte (gestrichelte Linie) anritzen. Ebenfalls angeritzt werden die gepunkteten und gestrichelten Linien am Lämmchenrücken, an den Hufen, an der Hasenunterseite und an den Hasenköpfen (jeweils Steganfang und -ende). Die Tiere und Grasbüschel zur anderen Seite vorsichtig durchdrücken. Die Karte nun wieder wenden und vorsichtig zusammenklappen. Wenn die Karte wieder geöffnet wird, steht das Motiv 7 mm vor der senkrechten Rückwand.

5 Zum Schluss das grüne Papier ebenfalls in der Mitte anritzen und falten, dann die weiße Karte mit dem Motiv auf die grüne Karte kleben.

6 Die Beschriftung in Hellgrün ausdrucken (z. B. Bickham Script Pro Regul, Schriftgröße 48 p und Arial, Schriftgröße 20 p). Den Schriftzug zu einem 1,8 cm breiten Streifen schneiden, oben und unten jeweils einen 3 mm breiten grünen Papierstreifen ankleben. Das Ganze auf die Karte kleben und seitlich die Streifenüberstände abschneiden.

„Was heißt eigentlich pop-up?"

Das englische Wort pop-up bedeutet übersetzt so viel wie „plötzlich aufspringen", „herausspringen". Der Begriff wird für eine Gestaltungsart verwendet, bei der aus einem zweidimensionalen Material (meist Papier) beim Aufklappen dreidimensionale Elemente hervorspringen. Besonders beliebt ist diese Technik bei Büchern und Karten.

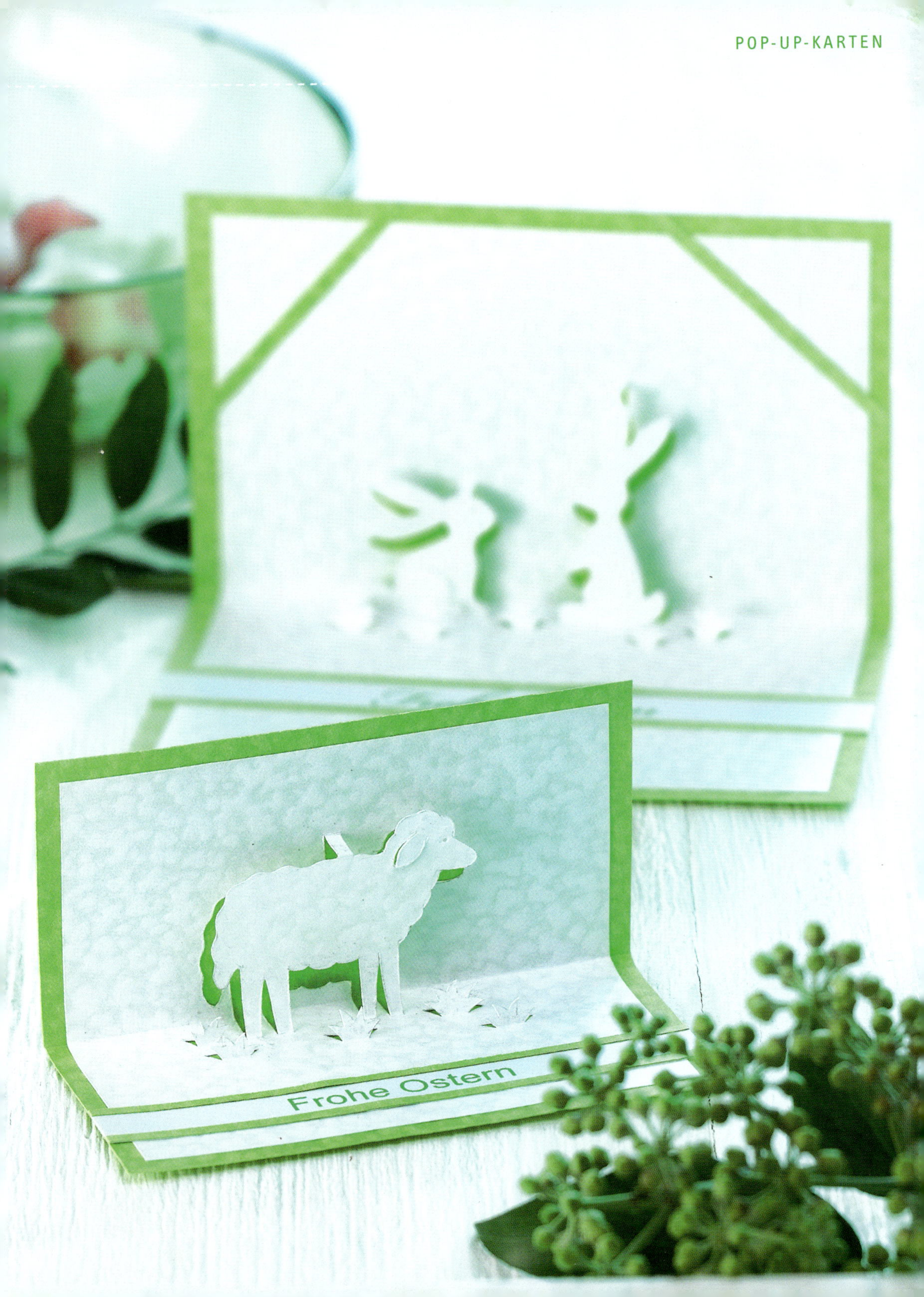
Frohe Ostern

Schlichte Blüte

ein tolles Farbenspiel

MOTIVHÖHE
ca. 9 cm

MATERIAL
* Regenbogentransparentpapier, 22 cm x 10 cm
* Teelichter in Glashaltern

VORLAGE
Bogen 1B

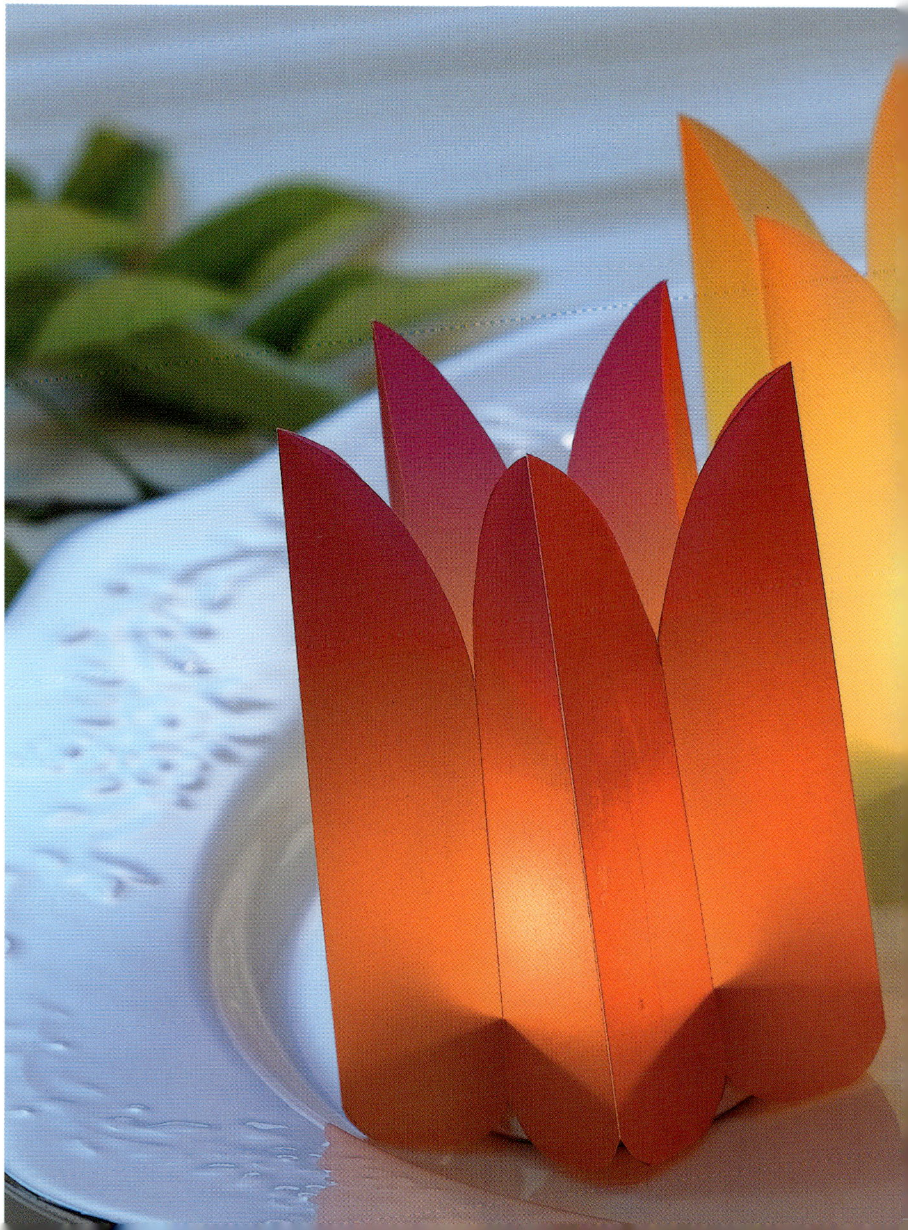

Hinweis: Arrangieren Sie eine Reihe Tulpen auf Ihrer Fensterbank. Gerade mit dem einfallenden Licht wirken die leuchtenden Transparentpapiere ganz wunderbar. Alternativ sind sie auch ein schöner Tischschmuck.

1 Den Transparentpapierstreifen im Abstand von jeweils 2 cm mit Cutter und Lineal anritzen und im Zickzack auffalten. So entstehen elf Faltabschnitte.

2 Auf den obersten Faltabschnitt die Schablone mit der gestrichelten Linie an die Faltkante legen und die Kontur mit Bleistift nachziehen.

3 Dann alles ausschneiden und zu einer gezackten Röhre formen. Dabei sollten Sie darauf achten, dass die blasse Seite des Transparentpapiers innen liegt. Zum Schließen der Blüte den ersten auf den letzten Faltabschnitt kleben.

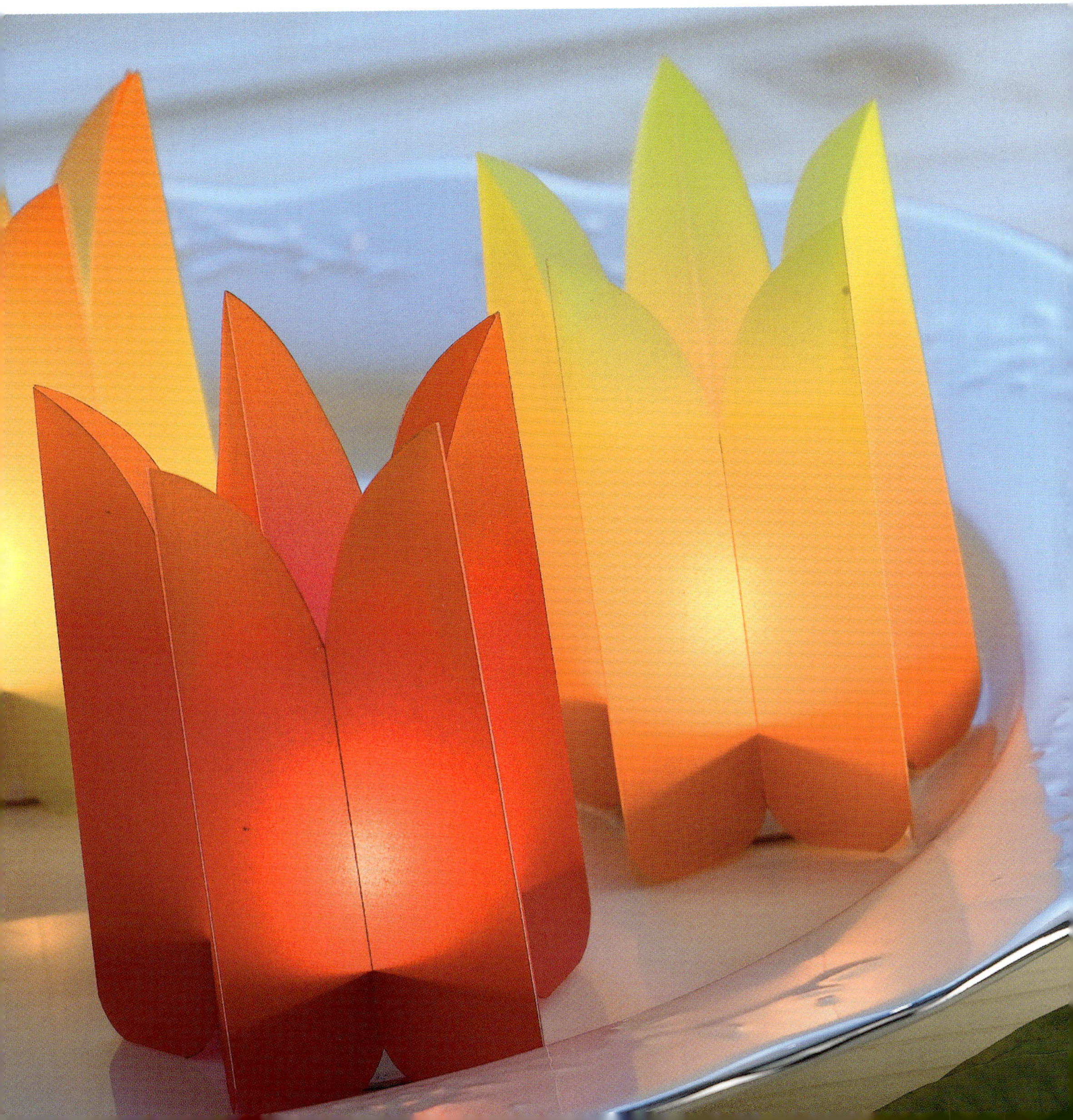

Blütenlichter

in zartem Pastell

MOTIVDURCH-MESSER
ca. 20 cm

MATERIAL

* gemustertes Transparentpapier in Gelb, Rosa und Grün (pro Blüte 2 x 21 cm x 21 cm oder 2 x 17 cm x 17 cm)
* UHU Alleskleber EXTRAKRAFT
* Teelichter in Glashaltern

VORLAGE
Bogen 1A

1 Aus der jeweiligen Schablone die fünf kleinen weißen Innenflächen herausschneiden. Dann den Umriss der Schablone und die Bögen mit Bleistift auf die hellere Rückseite des Transparentpapiers übertragen.

2 Nun kann der Umriss mit der Schere ausgeschnitten werden. Ritzen Sie die gestrichelten Linien mit dem Cutter leicht an, dann die Innenbögen mit dem Cutter sorgfältig nachschneiden. Die fünf Blütenblätter an der gestrichelten Linie

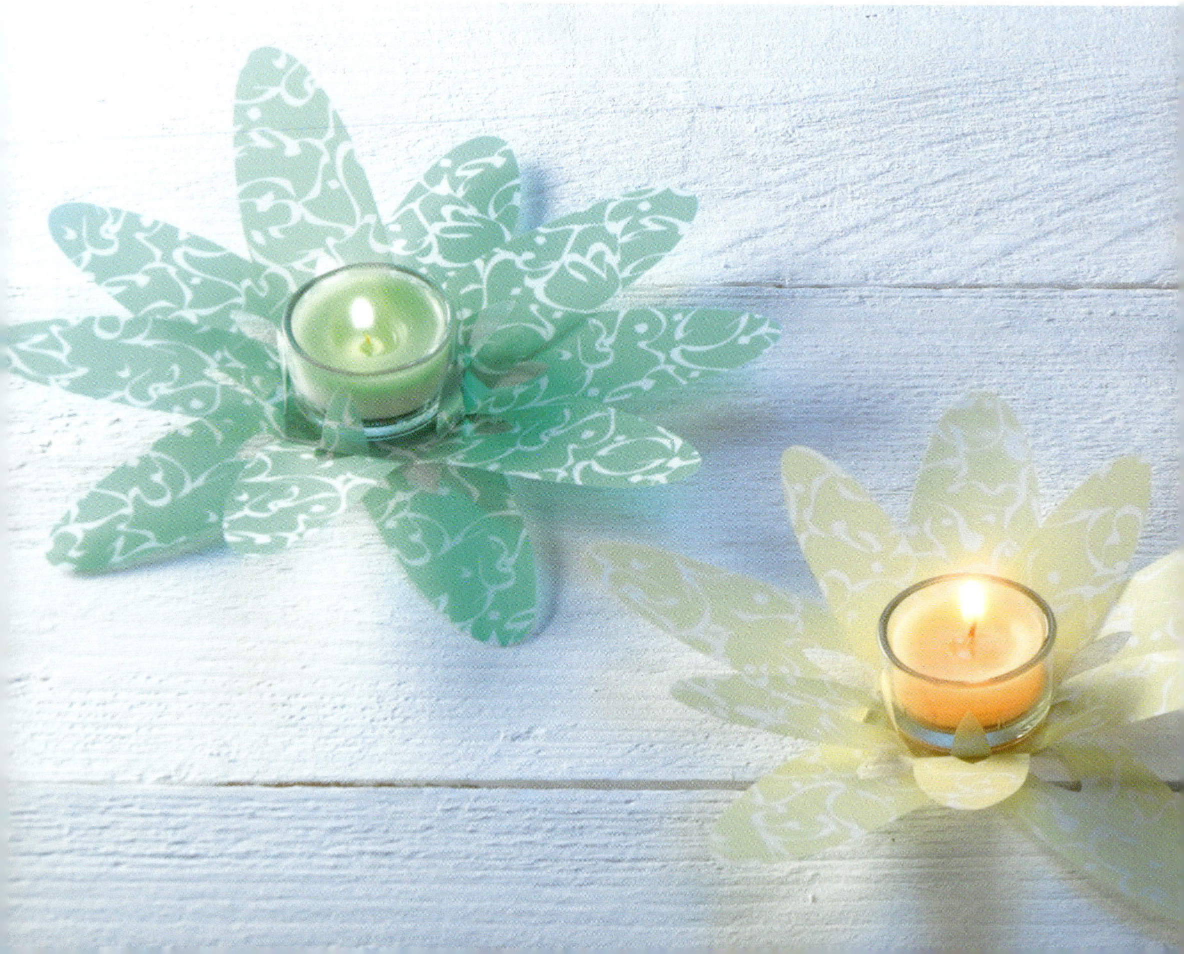

nach innen falten und wieder nach außen klappen. Die kleinen Innenbögen ganz nach Wunsch entweder flach zur Mitte falten oder senkrecht aufstellen. Zwei dieser Blüten versetzt aufeinander kleben, dazu bei der unteren Blüte die Innenbögen nach innen und bei der oberen Blüte schräg nach außen falten.

3 In die Mitte ein Teelichtglas stellen, schon können die Blüten (am besten mit farblich passenden Teelichtern) auf dem Tisch arrangiert werden.

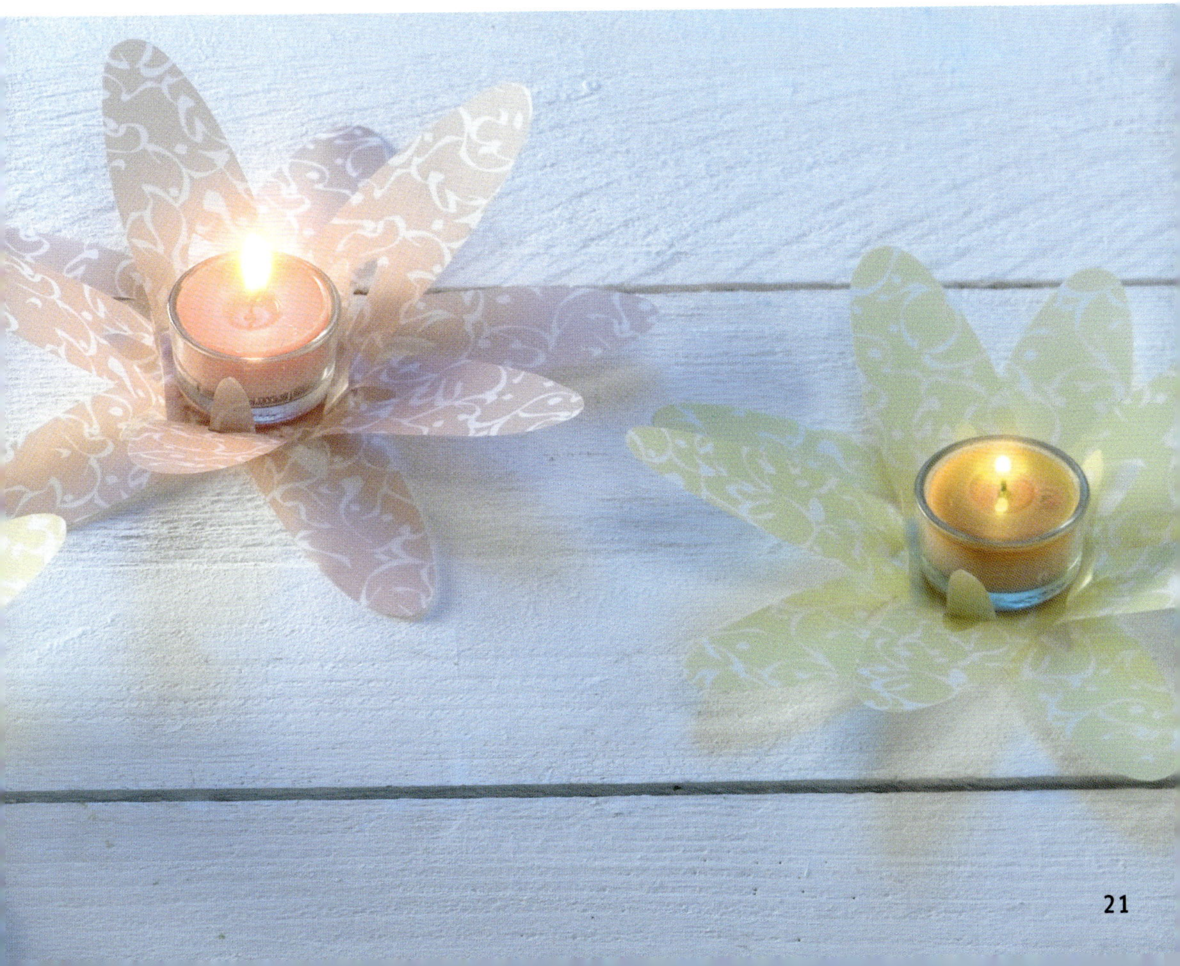

Kleiner Hase groß in Form

frecher Mümmelmann

MOTIVHÖHE
ca. 8,5 cm (Ohren angelegt) und 12,5 cm (Ohren aufgestellt)

MATERIAL
* Tonpapier in Braun, 21 cm x 17 cm

VORLAGE
Bogen 2A

1 Die Schablone ausschneiden und die durchgezogene Linie, die Vorder- und Hinterbein trennt, mit der Schere nachschneiden. Damit später die zwei Faltlinien an Hals (gestrichelte Linie) und Kopf (Strichpunktlinie) exakt von der Schablone auf das Papier übertragen werden können, mit einer Vorstechnadel kurz nach Linienanfang und kurz vor Linienende jeweils ein Loch in die Schablone stechen.

2 Das braune Papier zu einer Doppelkarte, 21 cm x 8,5 cm, falten. Die Schablone mit der Strichpunktlinie an die Faltlinie anlegen und die Konturen mit Bleistift nachziehen. Von den gestrichelten Linien und Strichpunktlinien an Hals und Kopf nur die Löcher einstechen. Die Schablone abnehmen und den Hasen mit der Schere ausschneiden.

3 Jetzt kann der Hase aufgeklappt werden. Die Strichpunktlinien sind Bergfalten, also nach oben gewölbt, und die gestrichelten Linien sind Talfalten. Den Hasen so legen, dass sich die Rückenlinie (Strichpunktlinie) nach oben wölbt. Mit Lineal und Cutter die gestrichelte Linie am Hals leicht anritzen. Nun den Hasen wenden und die Strichpunktlinie hinter dem Kopf anritzen.

4 Nun folgt das Falten des Hasen, um ihm seine endgültige Form zu geben. Zuerst die Halslinien falten, sodass der Kopf nach oben zeigt. Nun den Kopf nach unten falten. Die Ohren entweder angelegt lassen oder nach oben falten. Zum Schluss noch das Gesicht und das Muster aufzeichnen – fertig ist der Mümmelmann!

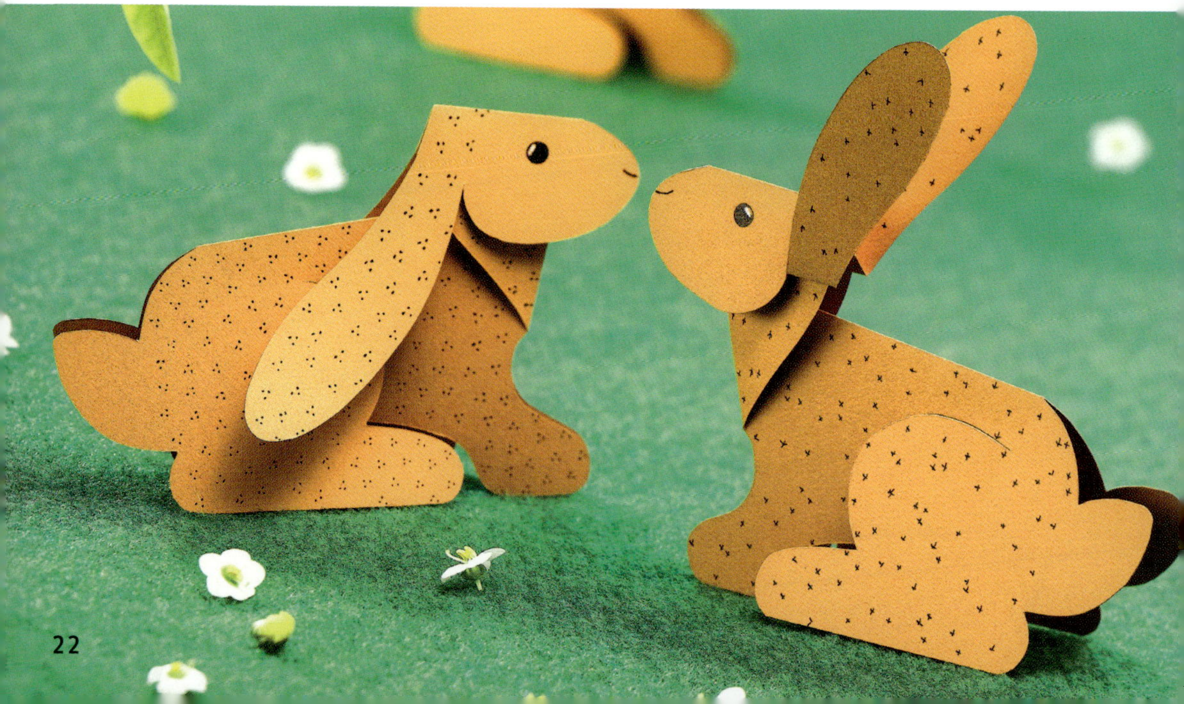

Überraschungs-Hase

mit Versteck für Kleinigkeiten

1 Die Schablone ausschneiden, dabei nicht vergessen, vier kurze Einschnitte (durchgezogene Linien mit Pfeilen) anzubringen. Die Schablone auf das farbige Papier legen und die Konturen mit Bleistift nachziehen, dabei auch die vier Einschnitte nicht vergessen.

2 Damit die Linien exakt gefaltet werden können, mit der Vorstechnadel an allen Ecken am Anfang und Ende jeder Faltlinie ein kleines Loch einstechen. Vor dem Ausschneiden die Faltlinien mit Cutter und Lineal anritzen, d.h. die eingestochenen Löcher mit Ritzlinien verbinden. Nun kann der Hase ausgeschnitten werden.

3 Das Gesicht mit Bleistift vorzeichnen. Am besten mit der Nase beginnen, es folgen die Augen und dann Mund und Barthaare. Mit Filzstift nachziehen.

4 Die Seitenteile der Box nach oben klappen. Sämtliche Teile der Box bis auf den Deckel mit den abgerundeten Ecken zusammenkleben. Jetzt kann eine kleine Überraschung hineingegeben werden.

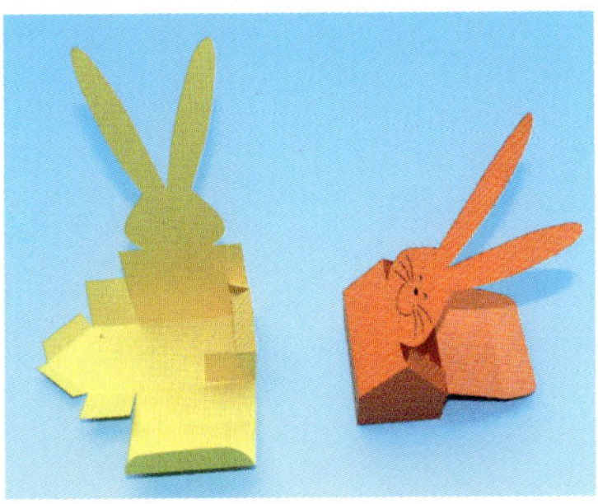

So sehen die Schachteln aufgeklappt aus.

MOTIVHÖHE
ca. 16 cm

VORLAGE
Bogen 2A

MATERIAL
* Papier mit strukturierter Oberfläche in Gelb und Orange, 30 cm x 18 cm

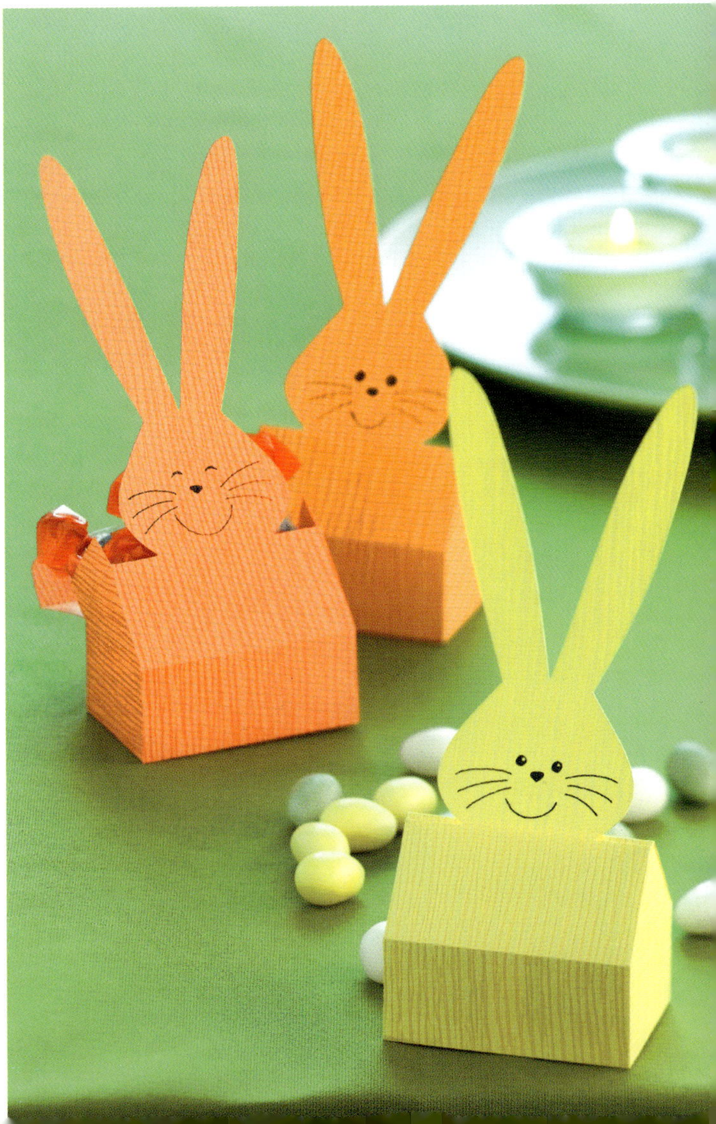

Sag's mit Blumen

Kärtchen und Anhänger

MOTIVHÖHE
ca. 6 cm bzw. 7 cm

MATERIAL
* Karton mit strukturierter Oberfläche in Grün:
  7 cm x 12 cm (Anhänger Tulpe)
  7 cm x 14 cm (Anhänger Blütenzweig)
  6 cm x 12 cm (Anhänger Narzisse)
  12 cm x 12 cm (Tischkarte zwei Blüten)
  11 cm x 12 cm (Tischkarte Tulpe)
* Kopierpapier in Weiß (Einlegeblätter und Vorlagen übertragen)
* Kordel in Weiß, ø 2 mm, 30 cm bis 40 cm lang

VORLAGE
Bogen 2A

1 Um die Karten sauber arbeiten zu können, muss zuerst eine Schablone erstellt werden. Dazu das gewünschte Motiv vom Vorlagenbogen kopieren, auf einen Kartonrest kleben, den Umriss ausschneiden, dann mit dem Cutter die Linien der Blüten nachschneiden. Damit diese Linien besser auf den Karton übertragen werden können, sollten die Schnittlinien der Blüte auf der Schablone mit dem Cutter etwas verbreitert werden.

2 Die Karte (Anhänger oder Tischkarte) in der Mitte mit dem Cutter anritzen und falten. Die Schablone auf die rechte Hälfte (Anhänger) bzw. untere Hälfte (Tischkarte) der geöffneten Karte legen und die Linien mit Bleistift durch die Schablone auf die Karte zeichnen. Die Karte auf die Schneideunterlage legen und die Bleistiftlinien mit dem Cutter nachschneiden.

3 Die Karte mit weißen Punkten verzieren und die Blütenblätter, Blätter und Stiele etwas mit dem Cutter nach oben heben, damit die Blüten plastischer wirken. Die Anhänger mit der Lochzange lochen und die Kordel durchziehen. Als Einlegeblatt aus dem weißen Papier ein Papierrechteck ausschneiden, das etwas kleiner als das gefaltete Kärtchen ist. Auf Reste des grünen Kartons die Namen schreiben, evtl. noch etwas verzieren und auf die Karten kleben.

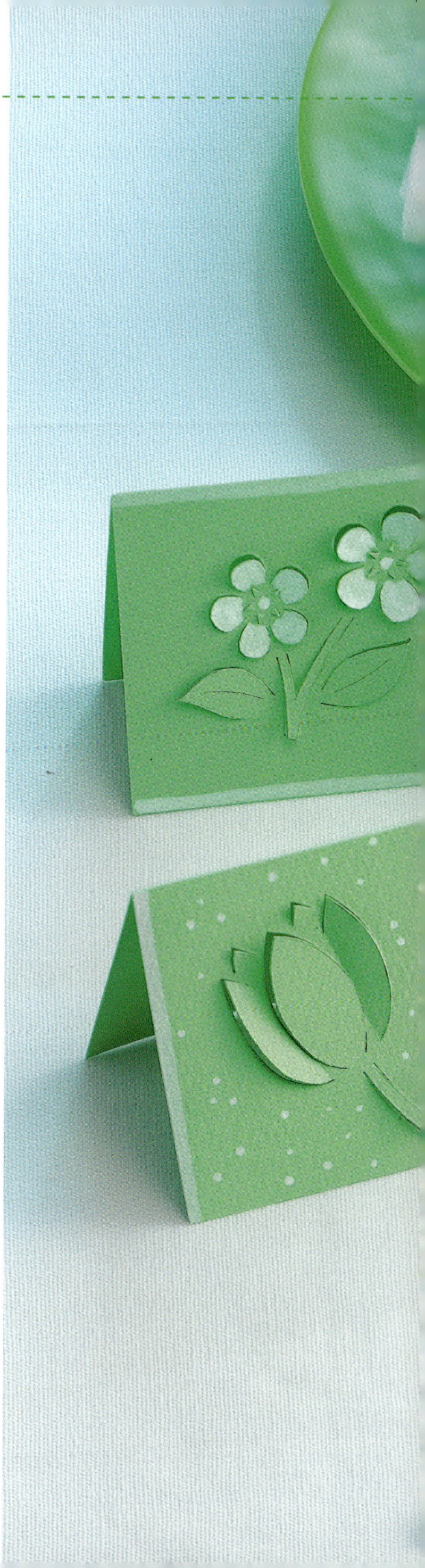

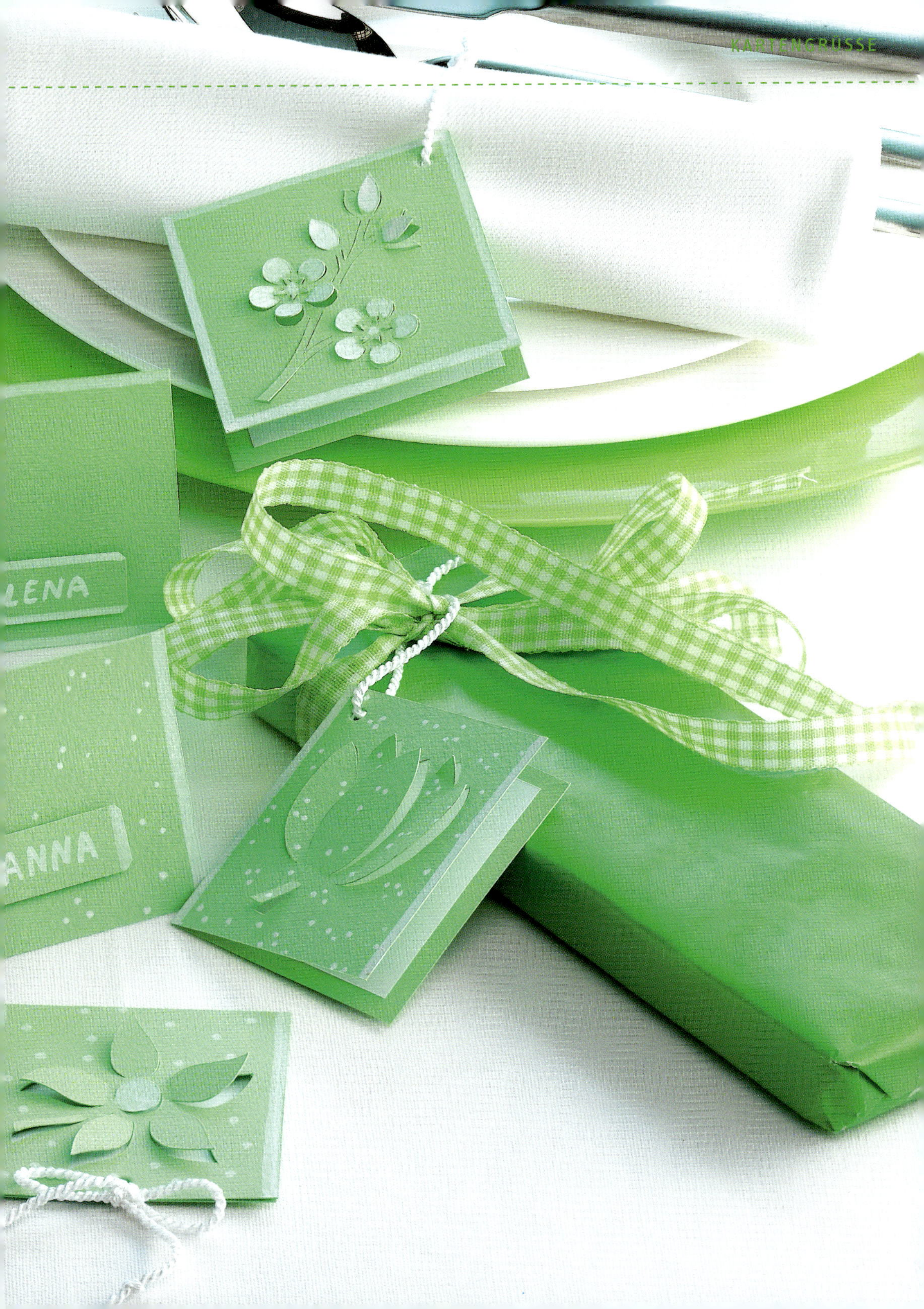
LENA
ANNA

Filigrane Maiglöckchen

zarte Schönheiten

MOTIVHÖHE
ca. 13,5 cm

MATERIAL
* Tonpapier in Weiß, 15 cm x 50 cm

VORLAGE
Bogen 1B

1 Bei der Schablone unten die Bögen herausschneiden. Den weißen Papierstreifen im Abstand von jeweils 9 cm leicht anritzen und im Zickzack fünf Mal auffalten. Die Schablone mit auflegen und die Konturen mit Bleistift nachziehen.

2 Die Schablone abnehmen und auf einer Schneideunterlage mit dem Cutter zunächst die Innenschnitte schneiden, dabei am unteren Rand nur die Bögen, nicht aber die geraden Linien nachschneiden. Damit die Blätter leicht aufgeklappt werden können, mit Bleistift die Konturen (gestrichelte Linien) aufzeichnen und mit dem Cutter nachschneiden.

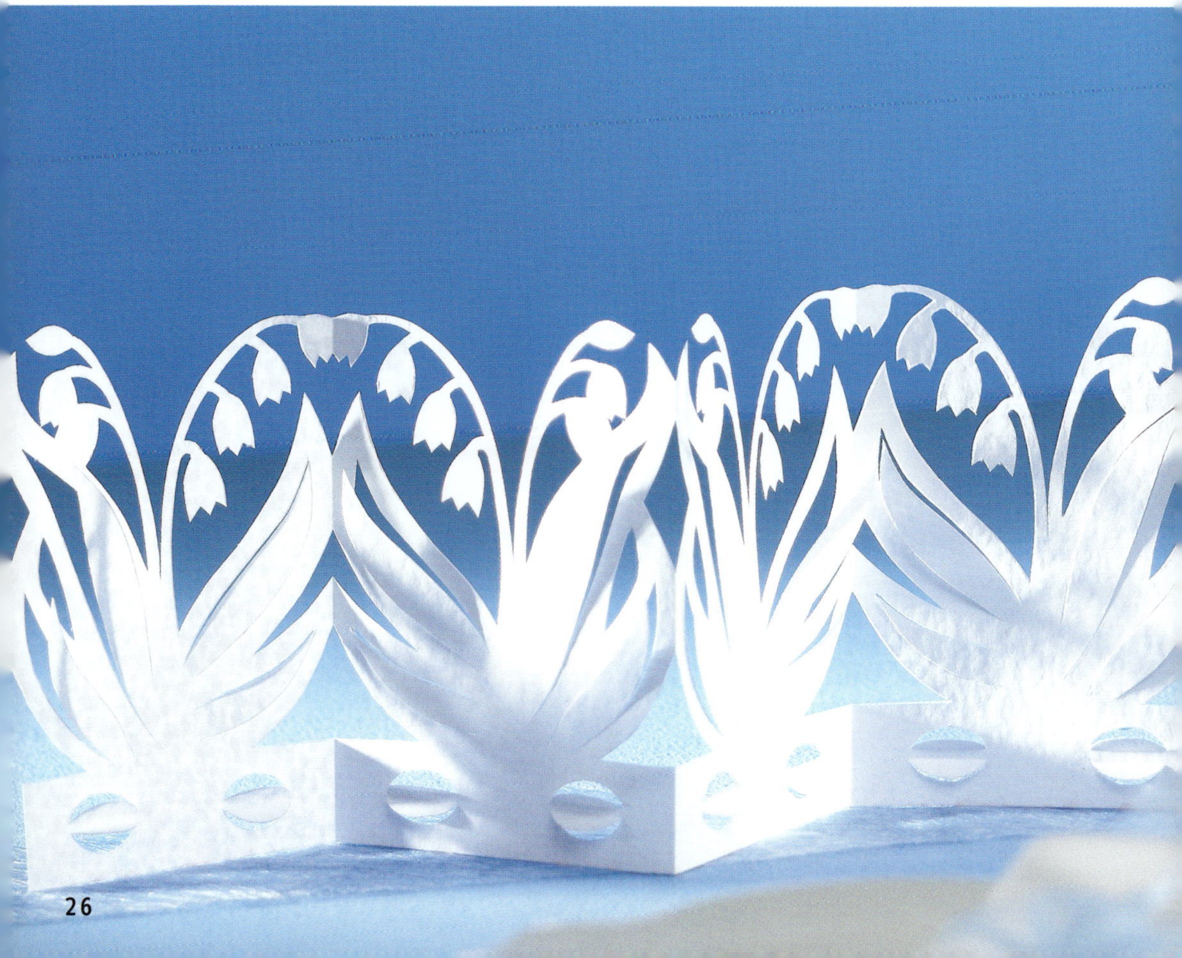

3 Vor dem Entfalten des Faltbandes die Bleistiftspuren ausradieren und die Schnittränder glattstreichen.

4 Auf der Rückseite am unteren Rand die Linien an den kleinen Bögen mit Lineal und Cutter leicht anritzen und dann zur anderen Seite hin durchdrücken. Das Faltband wenden. Nun die Blätter mit dem Cutter leicht anheben.

Mein Tipp für Sie

Wenn Sie das Band in einem ganz hellen Grün arbeiten, wirkt es ebenfalls sehr frühlingshaft.

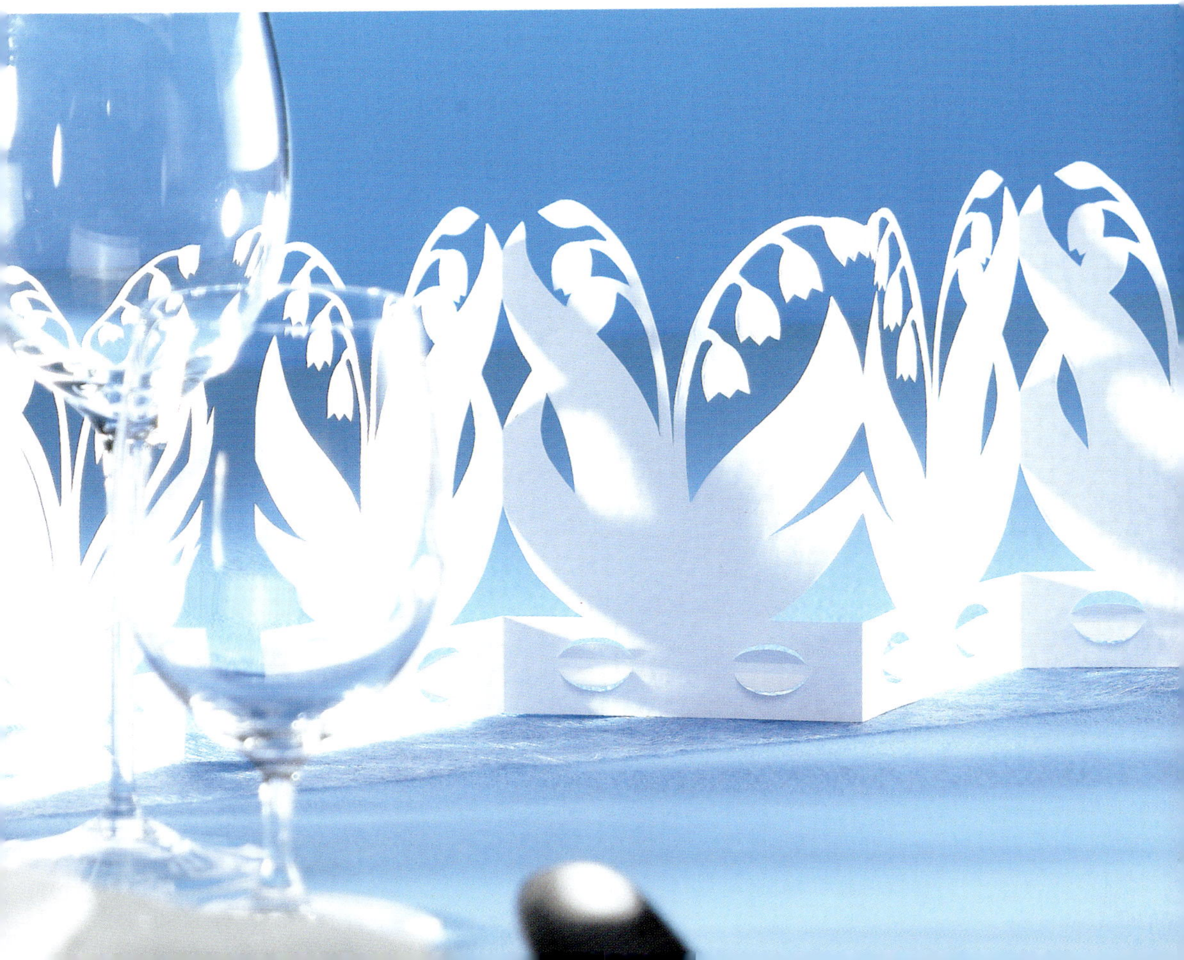

Weiße Blütenlichter

vornehm und elegant

MOTIVHÖHE
ca. 20 cm

MATERIAL
* gemustertes Transparentpapier in Weiß (pro Blüte 2 x 21 cm x 21 cm)
* Teelichter in Glashaltern

VORLAGE
Bogen 1 A

1 Aus der Schablone die sechs weißen Innenflächen herausschneiden. Dann die Konturen mit Bleistift auf das Transparentpapier übertragen und den Umriss mit der Schere ausschneiden.

2 Die gestrichelten Linien mit dem Cutter leicht anritzen (siehe Faltskizze). Nun die Blüte an einer der angeritzten Linien von einer Blütenblattspitze zur gegenüberliegenden Blütenblattspitze falten. Die Blüte ist jetzt halbiert und die beiden Innenbögen der Blütenblätter können leicht mit der Schere nachgeschnitten werden. Wieder öffnen und die beiden nächsten gegenüberliegenden Blütenblätter falten etc. Anschließend die sechs Blütenblätter am Sechseck (gestrichelte Linie) in der Blütenmitte nach oben falten.

3 Zwei Blüten arbeiten und dann versetzt aufeinander kleben. Um die dreidimensionale Wirkung zu verstärken, die Innenbögen der Blütenblätter unterschiedlich schräg nach oben klappen.

4 Zum Schluss werden noch Teelichter in Glashaltern in die Blütenmitte gestellt. Glashalter sind wichtig, denn einfache Teelichter werden zu heiß.

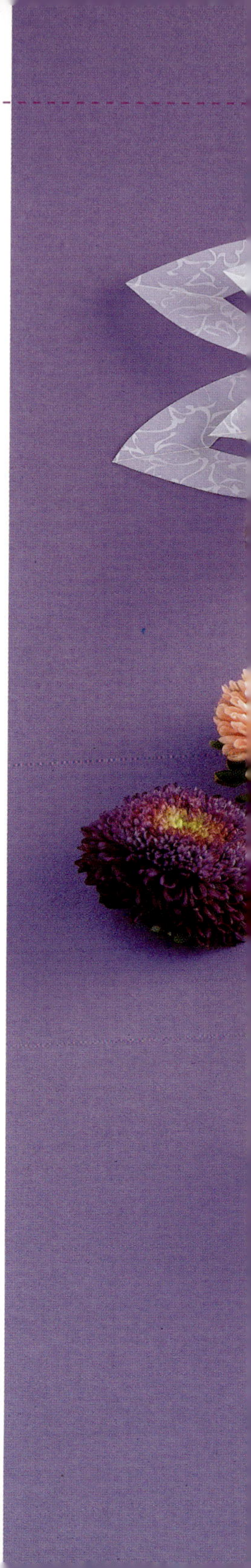

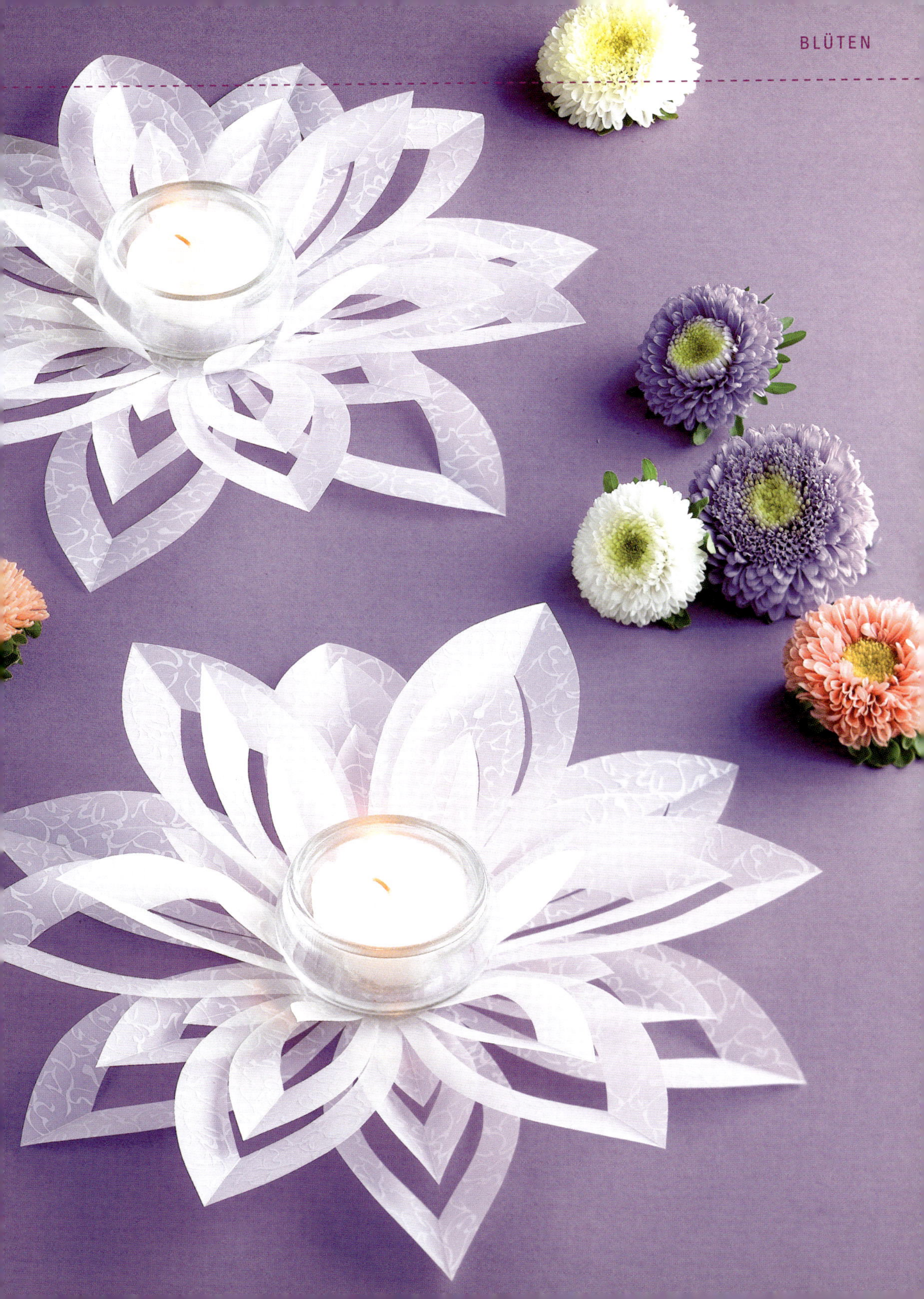

Stolzes Federvieh

schnell gemacht

MOTIVHÖHE
ca. 8,5 cm

MATERIAL
* Tonpapier mit strukturierter Oberfläche in Rot und Orange, 12,5 cm x 18 cm

VORLAGE
Bogen 2A

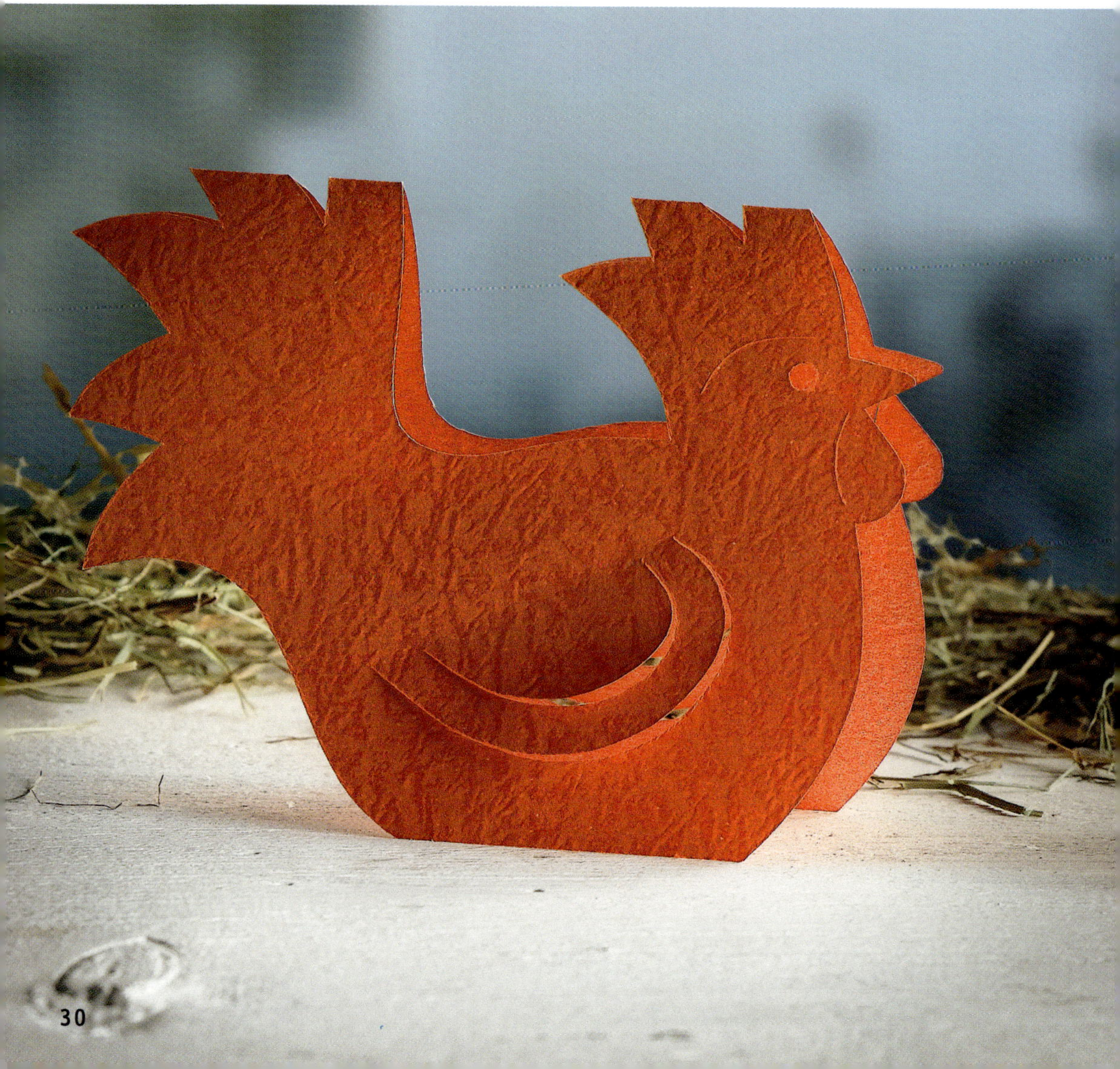

1 Mit dem Cutter in die Schablone am Flügel zwei Bögen einschneiden. Über dem oberen kleinen Bogen die Schnittlinie noch etwas verbreitern. Den so entstandenen Bügel an den beiden gestrichelten Linien nach oben klappen. Das Auge mit der Lochzange ausstanzen.

2 Das Tonpapier in der Mitte falten, sodass eine Doppelkarte, 12,5 cm x 9 cm, entsteht. Die Schablone mit der Strichpunktlinie an die Faltlinie der Doppelkarte anlegen und die Konturen mit Bleistift nachziehen. Nun kann die Schablone abgenommen werden.

3 Mit Bleistift zwei Linien aufzeichnen, die Kamm und Kehlsack vom Kopf abtrennen. Dann den Hahn mit der Schere ausschneiden, die aufgezeichneten Linien und die durchgezogenen Linien am Flügel mit dem Cutter nachschneiden. Das Auge mit der Lochzange ausstanzen. Abschließend beidseitig die Flügel aufklappen, dann können Sie den Hahn aufstellen.

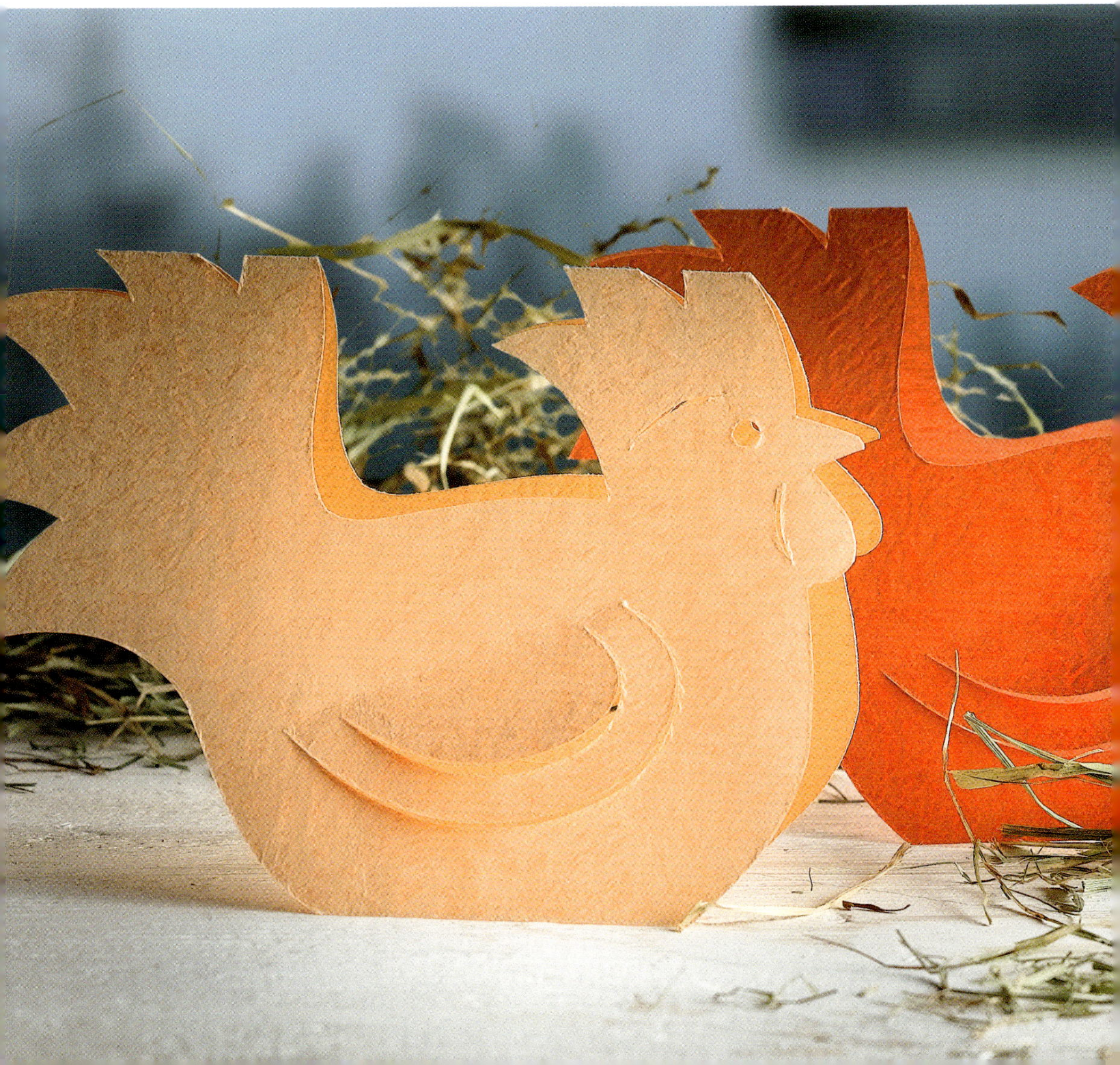

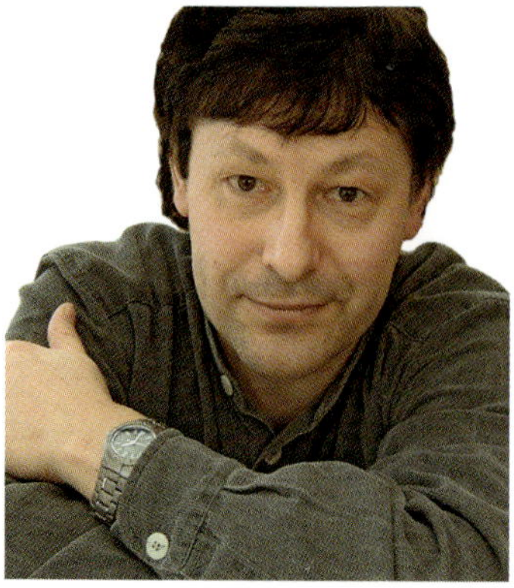

Armin Täubner lebt mit seiner Familie auf der Schwäbischen Alb und ist seit über 25 Jahren erfolgreich als ungemein vielseitiger Autor für den frechverlag tätig. Eigentlich ist er Lehrer für Englisch, Biologie und Bildende Kunst. Durch seine Frau, die unter ihrem Mädchennamen Inge Walz noch heute Bücher zu den verschiedensten Techniken im frechverlag veröffentlicht, kam der Allrounder zum Büchermachen. Zweifelsohne ein Glücksfall für die kreative Welt! Es gibt fast kein Material, das Armin Täubners Fantasie nicht beflügelt, und kaum eine Technik, die er sich nicht innerhalb kürzester Zeit angeeignet hat. Sein liebstes Material ist und bleibt aber Papier.

TOPP – Unsere Servicegarantie

WIR SIND FÜR SIE DA! Bei Fragen zu unserem umfangreichen Programm oder Anregungen freuen wir uns über Ihren Anruf oder Ihre Post. Loben Sie uns, aber scheuen Sie sich auch nicht, Ihre Kritik mitzuteilen – sie hilft uns, ständig besser zu werden.

Bei Fragen zu einzelnen Materialien oder Techniken wenden Sie sich bitte an unseren Kreativservice, Frau Erika Noll.

mail@kreativ-service.info
Telefon 0 50 52 / 91 18 58

Das Produktmanagement erreichen Sie unter:

pm@frechverlag.de
oder:
frechverlag
Produktmanagement
Turbinenstraße 7
70499 Stuttgart
Telefon 07 11 / 8 30 86 68

LERNEN SIE UNS BESSER KENNEN! Fragen Sie Ihren Hobbyfach- oder Buchhändler nach unserem kostenlosen Kreativmagazin Meine kreative Welt. Darin entdecken Sie vierteljährlich die neuesten Kreativtrends und interessantesten Buchneuheiten.

Oder besuchen Sie uns im Internet! Unter www.frechverlag.de können Sie sich über unser umfangreiches Buchprogramm informieren, unsere Autoren kennenlernen sowie aktuelle Highlights und neue Kreativtechniken entdecken, kurz – die ganze Welt der Kreativität.

Kreativ immer up to date sind Sie mit unserem monatlichen Newsletter mit den aktuellsten News aus dem frechverlag, Gratis-Bastelanleitungen und attraktiven Gewinnspielen.

IMPRESSUM

FOTOS: frechverlag GmbH, 70499 Stuttgart; lichtpunkt, Michael Ruder, Stuttgart; Armin Täubner (Seite 32 und alle Arbeitsschrittfotos)

PRODUKTMANAGEMENT UND LEKTORAT: Claudia Mack

DRUCK: Uniprint International, 7942 JC Meppel, Niederlande

Auflage: 5. 4. 3. 2. 1.
Jahr: 2012 2011 2010 2009 2008 [Letzte Zahlen maßgebend]

ISBN 978-3-7724-3731-1 • Best.-Nr. 3731